内容与变现

成功营销方法论

韩 雪——著

中国书籍出版社
China Book Press

图书在版编目 (CIP) 数据

内容与变现：成功营销方法论 / 韩雪著 . -- 北京：
中国书籍出版社 , 2022.10
ISBN 978-7-5068-9244-5

Ⅰ . ①内… Ⅱ . ①韩… Ⅲ . ①市场营销学 Ⅳ .
① F713.50

中国版本图书馆 CIP 数据核字（2022）第 201331 号

内容与变现：成功营销方法论

韩 雪 著

责任编辑	张 娟 成晓春	
责任印制	孙马飞 马 芝	
封面设计	仙 境	
出版发行	中国书籍出版社	
地 址	北京市丰台区三路居路 97 号（邮编：100073）	
电 话	（010）52257143（总编室） （010）52257140（发行部）	
电子邮箱	eo@chinabp.com.cn	
经 销	全国新华书店	
印 厂	三河市德贤弘印务有限公司	
开 本	710 毫米 × 1000 毫米 1/16	
字 数	155 千字	
印 张	14	
版 次	2023 年 4 月第 1 版	
印 次	2023 年 4 月第 1 次印刷	
书 号	ISBN 978-7-5068-9244-5	
定 价	56.00 元	

前　言

在互联网经济快速发展的今天，电商、社群、短视频、直播等新的营销模式发展极为迅速，它影响了消费者的消费观念，改变了消费者传统线下购物的单一方式，让营销方式更趋于多元化。而这些也给运营者带来新的机遇和挑战。运营者只有提早掌握新型的运营方式，才能在风云变幻的运营市场中占得先机，进而取得成功。

无论是传统线下营销还是网络营销，都要讲究方法和策略。作为运营者，如何才能扩大产品曝光率，吸引更多粉丝？如何才能快速引流，并让流量转化为销量？让我们跟随本书一起发掘成功营销的秘密。

成功营销，从认识营销开始。本书系统梳理了营销的基本要点，解析了时下流行的品牌营销、饥饿营销、事件营销等营销策略，助你熟悉各种营销策略，实现营销效果最大化；本书还详细讲解了文案写作、图文编辑以及内容传播的技巧，让你为开展营销做好准备；接着说明了如何通过短视频"种草"、带货等，教你巧用短视频，增强营销"获客"（营销学概念，意为获取客户）的内驱力；最后，本书全面梳理了线上线下变现的实用方法，助你强势破局，突破销量。

本书关注与立足成功营销的方法，兼具指导性和实用性。书中特别设置了"营销智慧"和"营销案例"两大版块，讲解关于营销的知识点、策略、方法、建议等，让你对营销的理解更透彻。

阅读本书，掌握现代多元化的营销方式和营销技巧，熟悉营销之道，让涨粉更轻松，让卖货更容易。

作者

2022 年 7 月

目　录

前言 / 001

第 1 章　营销之路，何去何从 / 001

1.1　任何时代，营销都不会过时 / 003

1.2　"酒香也怕巷子深" / 007

1.3　谁？在哪里展开营销？ / 011

1.4　超级 IP 是如何出现的？ / 017

1.5　私域深耕还是全域覆盖？ / 021

1.6　营销不仅是"点子"，更是方法体系 / 027

1.7　关注用户，抓住用户的需求与痛点 / 031

第2章　策略：精准营销，提高转化率 / 035

2.1　品牌营销，奠定成功营销的基石 / 037

2.2　细节营销，想用户所想 / 041

2.3　共情营销，用户的需求就是我们的追求 / 045

2.4　场景营销，打造沉浸式消费体验 / 049

2.5　饥饿营销，得不到的永远是最好的 / 053

2.6　事件营销，用热点引爆热销产品 / 057

2.7　跨界营销，发挥整合优势 / 061

2.8　差异化营销，特别的产品给特别的你 / 065

第3章　传播：解码热销产品脱销的秘密 / 069

3.1　了解不同平台的规则与玩法 / 071

3.2　参加平台活动，增加产品曝光 / 077

3.3　借势达人与大V，扩大营销 / 081

3.4　玩转数字营销 / 087

第 4 章　图文：不可忽视的超级营销符号　/ 093

4.1　优化 logo，让用户一见倾心　/ 095

4.2　好广告，成就营销　/ 101

4.3　好文案，戳痛点要稳、准、狠　/ 109

4.4　产品怎么拍更吸引消费者　/ 115

4.5　打造优质产品详情页　/ 121

第 5 章　短视频：增强营销获客的内驱力　/ 127

5.1　自媒体营销如何"种草"　/ 129

5.2　提高完播率　/ 137

5.3　保持优质内容的持续输出　/ 141

5.4　巧用视频剪辑引爆流量　/ 149

5.5　让广告植入更喜闻乐见　/ 153

5.6　另辟蹊径的反向带货　/ 157

第 6 章　线上变现：让流量转化为销量　/ 159

6.1　增加曝光，让消费者主动关注产品　/ 161

6.2　营销裂变——社群营销　/ 167

6.3　引爆直播间——直播带货　/ 177

第 7 章　线下变现：线下引流强势破局 / 185

7.1　门店应该设在哪里 / 187

7.2　让消费者第一眼看到产品 / 193

7.3　金牌销售是如何养成的 / 197

7.4　发现新用户，维系老用户 / 203

7.5　别让差评拖垮营销 / 207

参考文献 / 211

第 1 章

营销之路，何去何从

营销与市场相伴而生，可以说，有市场就有营销，谁掌握了营销的秘诀，谁就能在市场中抢占先机。

互联网时代，信息传播论秒速，营销方式也更加多元化。每个人每天都会接触到来自四面八方的信息，而信息的快速传播又进一步为营销提供了更多的便利。在这样的社会大背景下，营销也面临着更多的机遇与挑战。

1.1 任何时代，营销都不会过时

1.1.1 "看得见，摸得着"的传统营销

传统营销是依托于实体经济而诞生的市场营销，因此本书认为，传统的市场营销，即传统营销，是一种将更多产品或服务提供给消费者的实体营销。传统营销注重消费者在消费过程中的交流性，能为消费者提供看得见、摸得着的产品以增强消费者的购物体验感。

营销学大师麦卡锡教授认为，在传统营销中，营销由产品（Product）、价格（Price）、促销（Promotion）、渠道（Place）构成，这就是著名的4P营销理论。该理论是从企业的角度提出的市场营销理论，强调产品销量，但在市场营销过程中忽略了营销的重要一方——消费者的需求。

传统营销过程中，产品从制造商手中到消费者手中，要经历很多环节，冗长的供应链降低了营销时效，增加了产品成本。

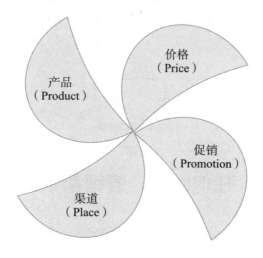

4P 营销理论四要素

1.1.2　互联网时代"高互动性"的网络营销

互联网时代，网络营销走进大众视野。与传统营销相比，互联网时代的网络营销具有即时性、互动性，因此网络成为更多个体和企业开展营销活动的阵地。

网络营销不仅仅包括互联网营销（电子商务），还包括如今火热的自媒体营销，它的营销内容广泛，包括在线调研、网站推广、品牌展示等。

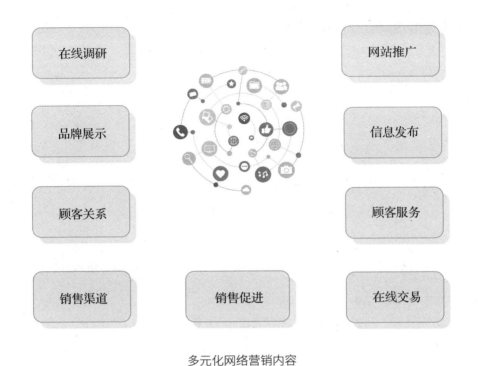

多元化网络营销内容

在网络营销中，网络的互动性增强了消费者的营销过程参与，并将顾客纳入营销过程当中。4C 营销理论据此诞生。4C 营销理论是指市场营销由四个基本要素构成，具体包括消费者（Consumer）、成本（Cost）、便利（Convenience）和沟通（Communication），该市场营销理论强调以消费者为中心展开有效的营销沟通。

网络营销能实现营销内容的快速、爆炸式传播，亦能实现从商品信息展示至收款、售后整个营销过程的一气呵成，它是一种全程式、互动式、多平台的灵活营销，备受营销个体和团队的关注和重视。个体或团队、企业或组织，可以充分利用互联网整合、优化营销内容与活动，统一规划和协调实施，以达到理想的营销效果。本书的相关营销主要围绕网络营销展开论述。

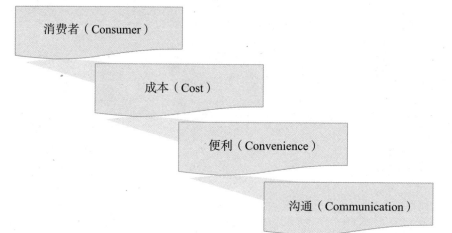

4C 营销理论四要素

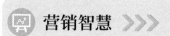 营销智慧 》》》

互联网传播≠网络营销

很多人认为，在互联网上发布、转载消息，促进信息传播，就是网络营销。实际上，这是对网络营销的片面理解。互联网传播并不等于网络营销。

客观来讲，互联网是一种传播媒介，就像报纸、广播、电视、路边灯牌一样，可以承载信息、实现信息传播，也可能是单纯的信息记录、信息公示、信息共享等，它不追求信息传播的速度和量，不具有营利目的，不属于营销行为。

1.2 "酒香也怕巷子深"

中国有句老话叫作："酒香不怕巷子深。"意思是，如果你的酒酿得好，酒香四溢，就算店铺开在很深的巷子里，也会有人闻着香味前来慕名品尝。这是一种传统的营销理论，重在强调产品为王，认为只要产品做得好，不用做广告和营销推广，也能吸引消费者。

然而，随着经济迅速发展和互联网时代的到来，各类商品趋于多元化，人们也可以轻松快速地获取信息。因此，在信息爆炸的时代，让消费者看得见、听得到、了解得到你的产品和品牌，才是最直接地吸引他们的手段。

在当今这个营销为王的市场环境下，"酒香也怕巷子深"。不做营销和推广，再好的产品恐怕也可会落得无人问津的"下场"。

1.2.1　品牌曝光：让消费者看得见

一个品牌或者一件产品想要得到消费者的认可，首先需要被消费者看到。如果消费者都不知道有这样一个品牌或产品，又谈何认可呢？想被消费者看到，就需要让品牌充分曝光在大众的视野之中。一般来说，投放广告与 SEO 推广是最常见的品牌曝光方式。

★ 投放广告

投放广告是品牌曝光最常见也是最直接的方式。互联网时代，人们主要通过线上渠道来获取信息，因此投放线上广告是很多公司曝光品牌的首选方式。其中，信息流广告是目前比较流行且效果可观的线上广告类型之一。比如，微信朋友圈广告、手机 App 的开屏广告、网页广告等。信息流广告多用于手机移动端的推广，可以有效地拉近品牌与用户之间的距离，可以在短时间内给用户留下印象，达到曝光品牌的目的。

营销智慧 >>>

什么是信息流广告

信息流广告，即穿插在各类信息之间的广告，最早出现于国外社交媒体平台 Facebook。用户在浏览信息时，广告也会呈现在他们面前。与其他形式的广告相比，信息流广告更加直观且营销性更强。此外，网页或平台还可以根据用户的浏览习惯以及喜好精准地向用户推送与其兴趣相关的广告，从而使广告的推广与营销效果达到最大化。

目前，信息流广告主要被用于媒体资讯平台（比如，今日头条、一点资讯、腾讯新闻、搜狐新闻等）、社交媒体平台（比如，微信朋友圈、微博、微信公众号、知乎等）、视频播放平台（比如，腾讯视频、爱奇艺、优酷等）、短视频平台（如抖音、快手、西瓜视频等）以及其他行业类 App（比如，携程旅行、大众点评、网易云音乐、滴滴出行等）上。

★ SEO 推广

SEO，全称为 Search Engine Optimization，即搜索引擎优化。这种推广方式主要用于搜索引擎网站，比如百度、谷歌等。通过搜索引擎的规则和付费推广可以提高本公司相关词条文章或者网站在搜索引擎中的排名，使用户优先看到本公司的信息或者相关产品，从而达到品牌曝光或者提高销售额的目的。

1.2.2　产品试用：让消费者亲身体验

产品试用是让消费者了解产品、接触产品、体验产品最直接的一种方式。产品试用可以帮助"一坛好酒"突破"巷子深"的枷锁，快速走到消费者的面前。

以食品类电商企业为例。在推广新产品时，可以使用产品试吃的方式将新产品带到消费者的面前。在消费者购买老产品时，可以将新产品的试吃装作为礼品一起寄送给消费者，这样既为老产品的销售增加了优势，也能顺理成章地让消费者试吃新产品，一举两得。此外，如果企业有线下门店，则可以在线上平台发布相关的活动信息，利用免费试用产品的活动将用户吸引到门店，这样既能推广新产品，又可以引导用户购买老产品。

1.2.3　产品促销：让消费者"有利可图"

促销是产品营销最常用的一种方式。无论是线下促销还是线上促销，都能让消费者看到最直接的"利益"，而这些"利益"就会吸引消费者去了解或购买你的产品，比如打折优惠、满减、赠送赠品、老带新返现等。在这种情况下，消费者除了自己购买还可能会将产品介绍给周围的朋友，一传十，十传百，通过消费者的转介绍也可以让"酒香"快速"飘出巷子"。

1.3 谁？在哪里展开营销？

所谓术业有专攻，精准有效的营销离不开优秀专业的营销人员与营销团队。而有了专业团队，在哪里展开营销也是企业需要着重考虑的问题。只有组建好冲锋的"兵将"，选择出合适的"作战阵地"，二者相得益彰，才能将营销这场战役打得漂亮。

1.3.1 团队——营销战役必备的兵将

一支优秀的营销团队既要有"兵"也要有"将"。"将"负责出谋划策、统筹全局，"兵"负责妥善执行、辅助创新。

"将"就是团队负责人，优秀的团队离不开优秀的管理者。就管理者而言，过硬的专业知识与理论基础是最基本的素质要求。此外，丰富的营销实践经验也是必不可少的作战"利器"。

"兵"就是团队成员。一支"能打"的营销团队，必然是团队管理者与团队成员相辅相成、相互配合。一般来说，一支小规模的营销团队应该包括这几类成员。

首先，1至2名骨干精英。精英成员会成为团队领导的得力助手。除了扎实的专业知识，他们还会积极创新，不断寻找新的营销方式、学习新的营销技能，为团队的工作以及日常运营带来新的思路。

其次，2至3名普通员工。他们可能不善于创新，但是他们的执行力要足够强。作为整个团队的支撑力量，很多执行层面的工作都需要他们高效准时地完成。

最后，1至2名"潜力股"。可以是实习生，也可以是初入职场的小白，一些简单的支持和后勤工作可以交给他们来做。但前提是，你选的潜力股一定要在某一方面有独到之处。比如，口才好的可以培养成业务型骨干，负责与合作商对接业务；逻辑能力强、策划能力好的可以培养成策划人员，负责团队的营销策划工作。

总之，有效的营销活动离不开专业、优秀的营销团队，一支好的营销团队是能够占领营销战场的主力以及关键因素。

1.3.2 平台——营销战役的关键阵地

随着网络的迅速发展，人们对于网络平台的使用越来越频繁，如获取信息、购物、社交……可以说，网络平台已成为当今人们生活中不可或缺的一部分。因此，在网络平台进行营销也是很多企业或品牌都在大力发展的方向。目前，网络营销最常用的平台主要有资讯平台、短视频平台、直播平台、社交平台以及生活平台。

★ 资讯平台

通过头部资讯平台，企业可以打造自己的内容账号，靠优质内容来吸引粉丝，从而让更多人了解并关注企业品牌。这些平台的用户具有多样性的特点，不同年龄段、性别、职业的人都会将这些头部资讯平台作为阅读资讯、获取最新消息的主要渠道。因此，这些资讯平台是企业投放信息流广告的不错选择。

★ 短视频平台

常见的短视频平台有抖音、快手、西瓜视频、微视、微信视频号等。企业可以在这些平台上运营自己的官方品牌和内容账号，达到品牌曝光与品牌营销的目的。同时，每个平台都会用强大的技术算法为用户推荐他们最感兴趣的视频，因此在这些短视频平台投放广告也是十分有效的一种营销方式。平台会根据用户的喜好，将广告精准推送给对某种产品或某一业务领域有需求或感兴趣的用户。

★ 直播平台

近几年，直播逐渐成了最直接、最受欢迎的一种网络营销方式。很多企业也都看准了直播红利，纷纷开设直播账号，或是直播带货，或是直播运动，或是直播游戏，等等。目前，能够开设直播的平台主要有两类。一类是淘宝、京东、拼多多等电商平台，在这类平台直播的一般是平台商家，他们可以利用直播来讲解商品，并利用直播低价优惠等促进用户购买商品。此外，一些专注带货的主播，也是此类平台的常客。另一类就是抖音、快手等短视频平台，这类平台的直播类型多样，门槛较低，很适合企业搭建自己的直播间来进行产品推广或者品牌营销。

★ 社交平台

社交平台主要有微博平台、微信平台、小红书平台等。微博平台融资讯、社交、生活、视频为一体，因为其互动性强、时效性强、信息开放性强，所以很多企业都愿意将微博作为品牌营销的首选平台。微博的开放性决定了其信息传播的速度比其他平台快得多。此外，粉丝效应也是微博平台的一大特点，这也是国内的大多数明星都将微博作为主要社交平台的原因。

在微博平台进行营销的方式也有很多种，企业可以投放信息流广告或视频广告。此外，企业的官方账号也可以在微博平台做转发抽奖、评论抽奖、赠送优惠券等活动，通过各类活动，增强粉丝与账号以及企业的互动性与黏性，从而达到品牌曝光以及转化销售的目的。

微信平台主要指微信公众号。现在，基本所有的企业都会创建自己的微信公众号，用来发布产品信息、企业动态或者促销活动，从而达到变现或成单的目的。然而，微信公众号在某种程度上是一个私域流量池，所以其对内容的要求比较高，文章的标题、内容、封面图都是吸引读者的关键因素。

小红书平台是目前比较流行的新媒体平台，十分受年轻人的欢迎。想在小红书进行网络营销，企业可以打造个人IP，向用户"种草"（网络用语，有向别人推荐的意思）自己的产品或业务。此外，还可以与热门KOL（提供关键性意见，对他人有重要影响力的权威人士）或KOC（提供关键性意见，对周围人有重要影响力的消费者）合作，让其帮助推荐自己的产品，这也是目前大多数企业都会选择的一种营销方式。

1.4 超级 IP 是如何出现的?

1.4.1 什么是 IP

IP 的全称为 Intellectual Property，即知识产权。所谓知识产权，就是人类对其所创造的智力成果享有专有的权利。这一含义，经常被用于传统的知识体系中，比如作家创作作品的著作权、工业上的工业产权。

然而，在互联网时代，我们经常提起的 IP，早已挣脱了原本的含义，成了一种全新的概念。它既可以是一个人物、一个形象、一个角色，也可以是一部小说等。在电影、游戏、玩具、音乐等任何领域，都可能出现爆火的大 IP。可以说，IP 指的是有市场价值、变现价值、品牌价值的任何内容。

1.4.2　如何打造超级 IP

★ 讲故事，引起消费者共鸣——打造品牌 IP

品牌故事是打造品牌 IP 的有效方式。一个好的品牌故事，会赋予品牌丰富的情感色彩，从而与消费者建立情感联系，并引起他们的共鸣。在信息流广告丛生、营销手段多样化的时代，消费者们已经见过了太多的广告，以至于大多数人对于广告都产生了抵触心理。而一则打动人心的品牌故事则可以有效地树立品牌形象，拉近与消费者的距离，让他们主动了解并信任你的品牌，从而主动购买产品。可以说，品牌故事是打造超级品牌 IP 的一大利器。

那么，我们该如何讲好品牌故事呢?

首先，故事须真实。真实发生的故事才更具说服力，并且更加贴近消费者的真实生活，也更容易引起消费者的共鸣。其次，故事要有情节与细节。一个情节不完整的故事，算不上真正的好故事。只有一个个细微的情节才能将你的故事讲述得栩栩如生，让整个故事更加具有可读性。

★ 名人效应，打造超级个人 IP

超级个人 IP 可以很好地为品牌与公司代言，可以利用粉丝效应产生巨大的号召力，从而为公司和产品带来效益。个人 IP 的人选可以是公司的创始人、某个有特点的员工或者代言人等。打造个人 IP 需要在全媒体平台进行推广与宣传，突出放大个人的某个技能、某种特质或者某种经历等。一般来说，打造个人 IP 的方法可以归纳为以下几点：

首先，树立"标签"，即人们常说的立"人设"。意思就是结合个人的特长、性格特点等，为其打造出一个最贴切的标签，即人物定位，之后这个 IP 所有的内容以及活动都可以围绕此标签来进行。

其次，在多个新媒体平台建立个人账号，并对账号进行推广与宣传，持续曝光个人形象，吸引粉丝的关注，增加用户量。

最后，在拥有了一定的粉丝基础后，个人 IP 还需要具有持续输出优质内容的能力。如果说"标签"与"人设"是吸引粉丝的基础，那么优质的内容就是粉丝留存以及促进粉丝互动的关键。互联网时代，粉丝经济所带来的利益是巨大的，可以说，谁掌握了粉丝谁就掌握了流量与收益密码。

1.5　私域深耕还是全域覆盖？

随着企业在各媒体平台获取公共流量以及公共用户的成本越来越高，投入产出比也日益降低，而高昂的投放费用也让一些微小企业或者营销预算不充足的企业放弃了推广投放的念头，转而将目光投向了私域运营。那么，什么是私域？企业该如何做私域运营？企业到底应该深耕自己的私域流量还是应该全媒体平台覆盖运营？

1.5.1　什么是私域？

私域是指品牌拥有可重复、低成本甚至免费触达用户的场域。在这个场域里，企业可以用自己的私域流量预计私域用户。私域流量，是相对于公域流量而言的一个概念，指的是你自己运营的、不对外开放的流量池。如果将公域流量比作人人可以使用的水库，那么私域流量就是自家院中的一口井，别人看不见也摸不着。此外，私域用户，指的就是你可以直接触达的、可重复营销并可自由掌控的私有用户，这些用户可以为你带来流量以及直接的营收。

1.5.2 深耕私域与覆盖全域的利弊

私域运营与全平台运营各有利弊，找到适合自己企业的运营方式并以此为企业创收才是网络运营最根本的目的与终极目标。那么，私域运营与全平台运营各有什么优势？哪些企业适合做私域运营，哪些企业适合做全平台运营呢？

★ 私域运营

一般来说，私域运营主要有低成本获客、反复触达用户以及可控性三大优势。私域运营的成本十分低廉。以微信群运营为例，公司运营几个微信群只需要运营人员的人力成本，如果经常在群内做活动，那也只需要花费一些活动礼品的费用或者公司产品的优惠券。相较于广告投放动辄几万、十几万的费用，私域运营绝对是性价比之王。企业运营人员可以在任何时候以低成本反复触达私域用户，并用可控的手段刺激私域用户消费，这就是私域运营最大的优势。

一般来说，能够通过与用户沟通而促使其消费的企业都很适合做私域运营，比如电商、餐饮、服装等。电商企业可以将下过单的老用户拉进微信群，在群内进行打折、秒杀、发放优惠券等促销活动，促进老用户在群内反复下单。餐饮企业可以充分地利用线下门店，以进群领代金券、进群免费领菜品或饮品等一系列活动，引导消费者进群，从而搭建企业自己的私域流量池。

营|销|案|例

品牌的私域自救

2020 年，餐饮行业 R 品牌在经历了管理层巨大变动之后，开始了私域运营的自救之旅。

R 品牌庞大的门店数量为其私域运营贡献了不菲的力量。每个到门店消费的用户都可以添加企业微信号领消费券，然后运营人员再将这些用户根据门店位置进行拉群，同时，有些门店也会直接引导用户添加本店的微信群领券。这样一来，所有去门店消费过的用户基本都会成为 R 品牌的私域用户，而这些私域用户则成了在 R 品牌下单的主力部队之一。

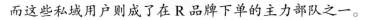

★ 全平台运营

现在，几乎大部分企业都会选择全平台运营或者多平台运营，尽可能多渠道进行品牌宣传及拉新获客。企业在进行全平台运营时，不仅需要根据不同平台特点以及用户属性，制定符合平台风格以及营销方式的运营策略，还需要保持持续的内容创作与输出能力。只有这样才能维系与平台用户的紧密关系，扩大品牌影响力、知名度，提高用户对品牌的好感，从而实现转化成单的目标。

如今，随着网络新媒体的日益发展，各媒体平台的优秀内容创作者层出不穷，使得单纯依靠内容吸引粉丝获取流量这种方式，变得越来越艰难。如果企业在平台上没有一定的粉丝基础或者没有超级 IP 账号，那么想在媒体平台获得精准用户并转化成单，基本只能依靠投放与推广。而对于初创公司以及微小企业来说，推广与投放费用可能就会成为负担，因此微小型企业或者投放预算不足的企业，可以采用全平台运营的方式进行品牌曝光。

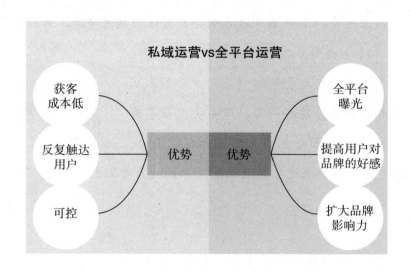

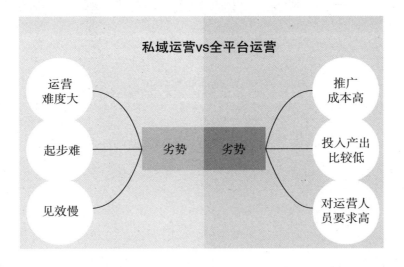

私域运营与全平台运营的优势与劣势

1.6 营销不仅是"点子",更是方法体系

营销是一个巨大且庞杂的体系,想要做好营销,单靠新奇的"点子"是不行的。扎实的方法论是营销的理论基础,只有打牢基础,才能在营销的道路上越走越远,生意越做越好。一般来说,关于营销主要有以下两种理论。

1.6.1 定位理论

定位理论是由全球最顶尖的营销战略家杰克·特劳特(Jack Trout)提出的营销理论。特劳特也因此被称为"定位理论之父"。

特劳特认为,定位要从产品开始。产品可以是多种多样的,一件商品、一项服务、一次体验,甚至一个企业,都可以成为产品。然而,所谓定位不只是认识产品那么简单,你需要将自己的身份转变成客户或者消费者，以他们的预期来为产品定位，这样才能确保你的产品是客户真正需要的，或者说是客户认为有价值的。简单来说，定位就是"占据心理位置"。如果能够让你的品牌与产品在消费者心里占据一席之地，那么你的定位就是成功的。

在诸多定位方法论中，"视觉锤"是非常具有实操性的一种方式。所谓视觉锤，就是让产品在视觉上给消费者带来冲击，比如简单易识别的 logo、新颖独特的包装设计等，从而在消费者的心中为产品建立一个深刻、生动、难忘的认知。打造视觉锤有几种基本方法，包括形状、颜色、产品本身、包装、动态视觉、创始人、符号等。

此外，语言钉也是帮助产品定位的基本方法。所谓语言钉，就是用一句简单、容易记住的口号，将产品的特点以及优势全部展现出来，打造自己的产品标签，从而使消费者听之难忘。比如，"怕上火喝王老吉""农夫山泉有点甜""海的味道我知道，波力海苔"等，都是十分成功的语言钉。

1.6.2　冲突理论

中国著名营销策划专家和品牌管理专家叶茂中提出的冲突理论，也是营销领域的重要理论。所谓冲突，就是矛盾。那么，冲突是如何产生的呢？叶茂中认为，人的大脑有左脑与右脑之分，而感性和理性也是人类两种最基本的心理状态，二者相互对立，这就导致我们在分析事物、进行判断以及做出行动时出现不一致的情况，这就引发了冲突。比如，一个正在减肥的人在深夜特别想点一份夜宵，而心中的理性则会提醒他深夜时分吃东西是不健康的，这就是冲突的一种基本形式。

有冲突才有需求，需求就是痛点，而营销的本质就是发现需求、满足需求并创造需求。只有能够发现冲突，才能发现营销的基本逻辑。根据叶茂中的观点，三流营销发现冲突，二流营销解决冲突，一流营销制造冲突。也就是说，三流营销可以发现消费者的需求，二流营销可以解决消费者的需求，而一流营销则可以为消费者制造需求。

1.7　关注用户，抓住用户的需求与痛点

用户，既是营销的对象，也是达成营销目标的关键因素。可以说，没有用户，一切的营销都没有意义。想做好营销，就需要时刻关注用户并了解用户，从而发现其需求与痛点。

1.7.1　用户画像：了解用户的根本

用户画像，即通过分析用户行为数据而建立用户标签，比如"00后"、宝妈、cosplay 爱好者、有车一族、高消费等。这些用户标签可以帮助企业更好地了解用户的基本情况。企业的营销团队也可以通过分析用户画像，将用户群体更加形象立体地展示出来，从而发掘用户需求，进行精准营销。

在不同平台以及不同营销领域，用户标签的分类也有所不同。一般来说，搭建用户画像最常见的标签主要有以下几种：年龄、性别、地区、受教育程度、购买力、品牌偏好、消费习惯、兴趣爱好、婚姻状况、平台活跃度等。

1.7.2 如何构建清晰的用户画像

在搭建用户画像时，3W 原则也非常适用。3W 原则，即 Who（用户是谁），Where（用户在哪里），以及 What（用户在做什么）。

第一个 W，可以帮助企业了解用户的固定属性。所谓固定属性，即在短时间内不会改变或者不会因外在因素而改变的特性。比如，性别、年龄、地区、职业、受教育程度、婚姻状况等。

第二个 W，可以帮助企业分析用户的浏览路径。所谓浏览路径，即用户的浏览喜好，比如，经常浏览的平台、经常搜索的关键词、在各个平台的活跃度、使用频率高的社交软件等。

第三个 W，可以帮助企业分析用户场景。所谓用户场景，即用户在特定时间或特定空间下所做出的动作。比如，有些人习惯在晚上 10 点钟刷微博，有些人习惯在上午 10 点钟看新闻，有些人习惯在中午看视频软件，这些都是用户场景。

以用户的固定属性结合用户的浏览路径与用户场景，构建出一个形象立体的用户角色的过程，就是用户画像的构建过程。

1.7.3　如何使用用户画像

用户画像的主要作用是帮助企业进行个性化推荐以及进行精准营销。

进行个性化推荐，可以根据用户标签为其推荐感兴趣的产品、内容、消息等。进行精准营销，可以根据用户标签进行广告投放。App开屏广告、信息流广告等都是用户接收广告信息的主要来源，企业可以根据用户的浏览习惯以及喜好进行精准投放，从而提高广告的点击率以及转化率，同时提升投入产出比。

🔍 营 | 销 | 案 | 例

适时转变营销思路

我国盛产茶，茶叶市场竞争激烈。在众多茶叶中，当其他茶叶都强调产地、时节、文化时，X品牌以方便快捷的"小罐"为营销核心，充分考虑了消费者在实际生活中的泡茶需求，这正是X品牌营销成功的秘密。

一罐就是一泡，这一理念将消费者的购买需求放在第一位。但营销者并没有强调购买，而是为消费者营造出一种消费场景。当消费者认可"一罐一泡"的消费需求后，消费品就会转化成必需品，产品销量自然也会得到明显的提高。这样的营销思路值得大家借鉴和思考。

第 2 章

策略：精准营销，提高转化率

在这个大众创新、流量为王的时代，营销策略在现代企业管理中的作用越发重要。企业必须基于消费者的需求量、购买力等来组织各项经营活动。构建高品位的营销理念，使用高质量的营销策略能使企业与产品长久地保持核心竞争力，并获得消费者长情的关注。

2.1 品牌营销，奠定成功营销的基石

当我们看到某一独特的商标时，立马会联想到对应的企业或品牌，这就是品牌营销的力量。精准的品牌营销策略能加强消费者群体的黏性，形成品牌资产，增强企业对现有渠道的管控。

2.1.1 什么是品牌营销

品牌营销指的是利用独特鲜明的品牌形象、符号和各种市场营销手段"润物细无声"地加强消费者对企业、产品的认知与好感，以最终收获良好品牌效益的营销策略和过程。其以打造企业品牌为核心，目的是让短期营销拥有更强的持续性和更大的营销范围。

品牌营销直接影响到企业的生存。一套科学完整、行之有效的品牌营销策略能将投资商、企业、销售者等利益相关方紧密串联起来，而当各方合作形成一股强大的合力时，内耗风险系数和营销成本便大大降低，营销效率会显著增高。在此基础上，企业、品牌形象越发深入人心，企业也就拥有了长足的市场竞争力。

提高效率

增加利润

降低风险

减少成本

品牌营销的意义

营销智慧 >>>

品牌营销 ≠ 品牌 + 营销

在很多人看来，品牌营销指的就是品牌 + 营销，实际上这种看法较为片面，无法精准、全面地概括品牌营销的含义。

所谓的品牌 + 营销，简单而言，就是先做品牌，再做营销与销售，即将品牌的建立与品牌营销、产品销售割裂为两个部分分开处理。实际上，品牌和营销是密不可分的整体，其具体指的是企业在发展过程中所制定的一整套企业战略营销系统，只有这套营销系统运转正常，才能使企业拥有更大的知名度、更正面的形象，企业产品的销售率也会逐步上升，并保持长销状态。

2.1.2　构筑完整的品牌营销体系

高明的品牌营销建立在完整的品牌营销体系的基础上，而一套完整的品牌营销体系大致包括以下内容：塑造品牌个性、做好品牌传播、加强品牌管理与维护。

塑造品牌个性 → 设计品牌名称、标识、口号；塑造品牌文化；说好品牌故事等

做好品牌传播 → 制定营销制度；创建营销队伍、渠道；完善经销商管理、终端建设等

加强品牌管理与维护 → 制定媒体策略；策划广告活动、公关活动、终端展示等

构建完整的品牌营销渠道

其一，塑造品牌个性。想要让企业品牌在激烈的市场竞争中脱颖而出，就要赋予自家品牌以独特的个性、气质。比如，为品牌拟定一个合适的品牌名称，设计品牌标识和口号（slogan）等。

其中，品牌名称相当于品牌的第一句广告语，一个朗朗上口、简单好记而又独特响亮的品牌名称能给消费者留下深刻的第一印象。另外，品牌名称应使消费者产生积极正面或浪漫美好的联想，令消费者产生好感。

其二，做好品牌传播。所谓品牌传播指的是企业通过各种营销手段和渠道将品牌信息传达给消费者，从而激起消费者的购买欲的过程。

需要注意的是，品牌传播是一场"持久战"。在如今"互联网＋"的时代，消费者每天接收到的信息纷乱而复杂，唯有长期投入、不断铺设传播渠道，才有可能突破重围，逐步建立消费者对品牌的信任。

其三，加强品牌管理与维护。当品牌营销取得了良好的效果后，想要保持品牌效益，就要做好品牌管理与维护工作。其主要包括制定媒体策略、策划广告活动和公关活动、终端展示等内容。

制定长期的品牌战略，做好日常管理工作，并定期地进行品牌维护，就能有效维护消费者黏性，提高其复购率。

2.2　细节营销，想用户所想

细节决定成败，企业和品牌方要重视细节营销，通过不断规范营销流程、改进服务质量等方式来收获更多消费者的青睐。

2.2.1　从细节出发，对产品进行营销定位

细节营销指的是企业或品牌方在推进营销工作的过程中，精准洞察消费者群体的消费心理，然后从细节出发，最大程度地考虑消费者的需求的营销工作。细节营销具体由前期产品设计，中后期的产品促销、渠道扩展、售后服务等构成。

产品设计 ⇒ 考虑消费者的多层次需求，注重更人性化的设计

产品促销 ⇒ 围绕人员、场地、商品等展开，构建愉悦的消费环境

渠道扩展 ⇒ 提高渠道销售网络的运行效率，注意各营销点的配合

售后服务 ⇒ 注重售后服务质量，力求每个环节都尽善尽美

细节营销构成

如今是一个"注意力经济"时代，因此，想要吸引消费者的关注，不妨从细节入手，对产品进行营销定位。细节营销使得营销这一充满功利性的商业行为具有了浓浓的人情味。当消费者在消费过程中获得了舒心、愉快、便捷等种种良好体验的时候，势必会加深对企业或品牌的信任程度。

2.2.2　细节营销需要注意的问题

细节营销就是要打磨细节、以人为本，使营销工作更具温度，以此来树立良好的企业和品牌形象。在细节营销的过程中，需要注意以下问题。

第一，企业细节营销策略的制定不仅要考虑到消费者的需求，还要考虑到整体的营销目标。消费者的需求往往是多方位多层次的，既包括对产品的使用价值的需求，也包括各种各样的精神和心理需求。无论是哪个环节的细节营销，都要将满足消费者的需求放在第一位，去坚持不懈地做大量扎实的基础工作，同时紧紧围绕着营销目标来进行，如此才能保证取得理想的营销效果。

第二，细节营销重在创新，且要发挥出自家企业的优势与特色。在营销方式趋于同质化的今天，想要打破营销困境，就要注重细节营销中的创新成分，给消费者带来耳目一新的感觉。当然，无论采用哪种方式，想要将细节营销落在实处，都要基于品牌定位和产品特色。

营 | 销 | 案 | 例

小小的餐垫纸，引爆细节营销战

2019 年，W 品牌与其合作品牌联合推出了一款特别的餐垫纸。客户只要根据纸上的特殊标记将汉堡和可乐放在指定位置，然后打开手机软件扫描餐垫纸，就能看到一段极具视觉冲击力的动画，这引起了很多消费者的兴趣。

谁也想不到，小小的餐垫纸竟能产生如此大的营销效果。其实，同行业的 K 品牌也曾在餐垫纸上大做文章。比如，K 品牌曾设计出一款单人餐垫纸，消费者只要将餐垫纸向上翻折，就会出现"还未吃完"的提示。这有效解决了孤身一人去用餐，中途想上厕所但又怕桌上剩余的食物被店内的工作人员收走的问题。

这些匠心独运的细节设计给消费者带来了极大的便利，其不仅能带动产品销量，还能有效扩大品牌知名度。

2.3 共情营销，用户的需求就是我们的追求

在大数据时代，想要实现营销突围，就要对消费者群体进行深刻洞察，了解消费者心理层面的消费驱动力，与其建立共情。

2.3.1 什么是共情营销

共情营销是企业、品牌方常用的营销方式，这种营销策略以数据为基础，能潜移默化地搭建起企业、品牌方与消费者之间的沟通桥梁，从而帮助企业或品牌方吸引更多消费者的关注并深入挖掘消费者深层次的消费需求。

在现阶段，企业和品牌方可利用大数据技术轻松获取海量的数据流，且能根据这些数据去分析消费者的消费意愿及行为动向，综合种种信息去运用共情营销策略，这能有效帮助企业和品牌方扩大知名度，从而更进一步地打开市场。

共情营销以数据为基础，能有效建立起
企业、品牌方和消费者之间的沟通桥梁

共情营销强调换位思考、角色转换，
挖掘消费者潜藏的消费需求，提高购买率

共情营销是打"感情牌"，以情感
共鸣的方式打动消费者，实现流量转化

共情营销战略

2.3.2　如何做好共情营销

想要做好共情营销，就要从产品、体验、理念等角度入手，逐步满足消费者对于产品的功能性需求，给消费者带来别样的心理体验，激发消费者的情感共鸣和心理认同，从而实现良好的营销效果。

共情营销的实施方法简单介绍如下：

其一，以产品为载体，实现共情。企业营销人员在产品设计阶段，就要精准掌握消费者的消费心态，在产品中注入情怀，通过产品的外观或某些功能去体现个性、彰显态度。让用户下决心买单的原因除了产品本身外，还包括某种回忆、特殊的感觉、情怀等。此时，产品也就具有了与用户共情、顽强抵抗市场激烈竞争的能力。

其二，以内容为依托，实现共情。能够激起大众普遍情绪的内容将获得广泛的传播力和讨论度，这就是内容共情。企业可从品牌口号、品牌故事、品牌广告语入手，为消费者营造或将其带入某种氛围。比如北冰洋的广告语"你喝的只是汽水，我喝的是北冰洋"，就能激起很多"80后""90后"小时候喝北冰洋的美好回忆。

其三，从文化、价值观的角度上去实现共情。企业文化或品牌价值观传达出的立场、情感、态度很容易激发目标对象的关注，并使其产生共鸣。

以产品为载体，实现共情

以内容为依托，实现共情

从文化、价值观的角度入手，实现共情

共情营销的三个维度

2.4 场景营销，打造沉浸式消费体验

高明的场景营销能满足消费者的场景价值需求，为消费者带来独特的消费体验，从而有效提高消费者黏性和忠诚度。

2.4.1 场景营销的核心要素

场景营销，指的是针对用户在具体的场景中所具有的心理或某种需求进行的营销模式和行为。

场景营销的成功实施依托于特定的环境、场景，其核心要素包括目标群体、用户心理、场景链接、用户体验等。

其一，锁定目标群体。无论是在现实生活中还是在移动互联网上，每个人的行动轨迹各有不同，企业或品牌方可利用收集到的相关数据信息对用户进行具体的画像描绘并进行客群细分，再在此基础上去更为精准地投放广告，锁定目标群体。

其二，洞察用户心理。在实施场景营销的过程中，营销人员首先要明确消费者的需求点及背后的心理动机，预测在不同的场景下消费者会产生怎样的心理感受、处在何种心理状态。只有精准地洞察用户心理，了解其真实需求，才能顺利地实施接下来的场景搭建和链接。

其三，注重场景链接质量。不同场景下的环境与氛围能将消费者带入不同的心理状态，前提是场景链接的质量得过硬。营销人员在构建场景的时候，要考虑到链接的另一头是不是目标用户，同时注重场景融合，令消费者迅速沉浸到场景氛围中。

其四，构建独特的场景体验。营销人员可通过种种手段增强场景的互动性，把控场景节奏，有效地刺激消费者的心理，带给消费者独一无二的场景体验。

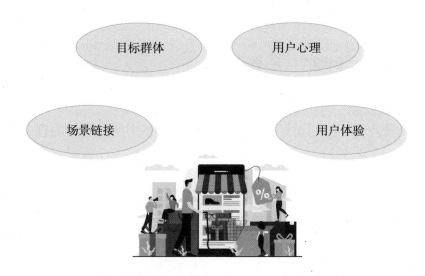

场景营销的核心要素

2.4.2 线上加线下，打造全场景营销

在场景营销过程中，人、时间、空间、消费行为等都被有机地结合了起来，商家利用场景打造的沉浸式的消费体验也带来了更好的营销效果。由此可见，场景是给用户带来某种体验、唤醒其某种心理状态、激发其购买欲望的工具。

处于移动互联网环境下的消费者，其各种行为始终处在不同的场景中，这是场景营销理念诞生、发展的基础。场景营销具体可分为两种：基于现实生活场景所进行的场景营销和基于互联网使用场景进行的场景营销。关于现实生活中的场景营销，我们都不陌生，比如车站广告牌或电梯间内的广告，宜家利用自家售卖的产品在商店内打造的独特生活场景等。线下不同的环境都构成了场景营销的条件。

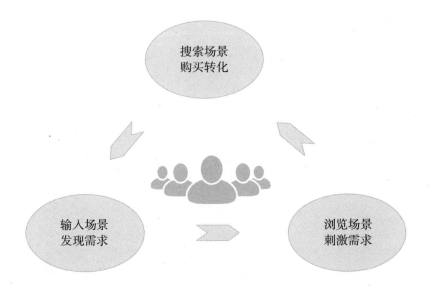

线上输入、搜索、浏览三大营销场景

　　线上的场景营销，我们也很熟悉。当下的移动互联网用户的上网行为主要集中在输入、搜索、浏览这三大使用场景上，因此，围绕着互联网用户输入、搜索、获得信息等不同行为路径所构建的网络场景营销模式能最大程度地激发起用户的购买欲望，满足产品的推广营销需求。

2.5 饥饿营销，得不到的永远是最好的

饥饿营销经常被运用于企业商品或服务的宣传推广过程中。饥饿营销策略如果运用得当，就能有效强化消费者的购买欲望，扩大企业的影响力。

2.5.1 饥饿营销的实施前提

饥饿营销，是指企业或品牌方有意控制产品数量去制造供不应求现象以刺激消费者购买欲望的商品营销策略。

饥饿营销做得好，能有效提升产品附加值和品牌形象，并维持产品较高水平的售价和利润率。比如，各大购物节时，购物网站、直播间内常常充斥着"限量销售""秒杀"等广告语，这正是饥饿营销策略的实施体现。然而，饥饿营销不能滥用，否则会引起大众反感。具体而言，饥饿营销的实施前提如下：

其一，市场竞争态势较为平缓或竞争对手产生的威胁较小。在市场竞争激烈、竞争对手实力强劲的情况下，消费者有着多种多样的选择，此时属于卖方市场，消费者的注意力可能随时转移。

其二，品牌形象好、知名度高，产品综合实力强。品牌的知名度、美誉度高，就很容易被大多数消费者接受与喜爱。同样，产品自身实力过硬，使用感好、性价比高，也能迅速加强用户黏性。在此基础上实施饥饿营销，自然是事半功倍。

2.5.2　饥饿营销的实施步骤

传统饥饿营销策略的第一步是引起用户的关注，刺激用户的消费欲望，同时帮助用户建立起一定的期望值，提升用户对产品的拥有欲望。等条件成熟后，再向消费者提出购买产品所需要的条件。

而在粉丝经济发展得如火如荼的当下，饥饿营销的实施策略也发生了变化。以直播带货中的饥饿营销来说，其第一步是声明限量供应，吸引第一批消费者的关注。等第一批商品销售完毕后，接下来再补充第二批商品，用限时特价和折扣的方式激发观众的消费热情，同时逐渐减少供应，再次利用"稀缺"效应去吸引第二批消费者。最后，主播运用各种话术营造抢购气氛，形成直播间内的抢购风潮。

以限量供应的方式吸引第一批消费者的关注

保持商品"稀缺"状态，并采取限时特价和折扣策略

营造抢购氛围，激起消费者购买欲望

直播间内饥饿营销的步骤

2.6　事件营销，用热点引爆热销产品

事件营销也是现代营销的经典方式之一。随着当下互联网的高速发展，各种新闻事件层出不穷地涌现并飞速传播，这给事件营销带来了巨大的契机。

2.6.1　事件营销的特点

事件营销，指的是企业或品牌方通过组织、策划或利用各种新闻事件、知名人物来吸引公众关注，以提高企业知名度、好感度，树立良好的品牌形象并最终实施流量转化、促进产品销售额的营销方式。

事件营销具有前期投入小、成本较低，关注度高等特点。

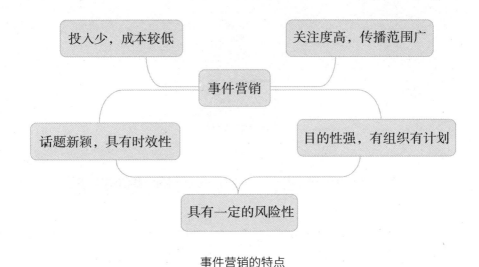

事件营销的特点

尤其需要注意的是事件营销的风险性特点，毕竟在事件传播的过程中，大众对于事件的理解程度和接受度是不可预测的。成功的事件营销都建立在"天时地利人和"的基础上，而在各方面条件都不成熟的情况下，过度的事件营销反而可能会引起大众的反感和误解。

2.6.2　事件营销的两大模式：主动与借势

事件营销凭借其自身的营销优势，成为品牌和产品营销推广的先锋手段。这种营销方式大致可以分为主动营销和借势营销两种模式。

主动营销指的是企业或品牌方为了推销某款产品或打响企业、品牌的知名度去主动策划一些新闻事件，以营造热点话题，吸引公众的注意。需要注意的是，营销人员所策划的事件或话题一定要具有亮点、创新性强，最好选择大众关注的、能够带来持续性营销效果的话题。比如每年的节假日，可策划一些别出心裁的节日主题或热门话题来引发大众讨论。

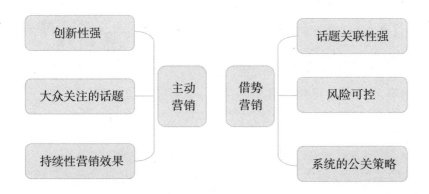

主动营销和借势营销的特点

借势营销指的是企业、品牌方营销人员使当前的社会热点话题与自己策划、组织的话题产生关联，利用前者的影响力去扩大自身产品或品牌的影响力。需要注意的是，营销人员所要借势营销的热点话题与自家策划的话题的关联度要强，且要保证风险可控，同时配以整套公关策略，这样才有希望达到预期的宣传效果。

营|销|案|例

借势营销，收获品牌好感度

某年三八妇女节来临之际，国产护肤品牌 Z 品牌在官方微博上推出"当代花木兰"主题视频广告和一系列国漫海报，向不辞辛苦、坚韧顽强地奋战在抗疫前线的女性致敬。

这其实是一个典型的借势营销的案例。Z品牌推出的视频和海报结合当时最受国人关注的抗疫话题，将女性医生、护士、交警、环卫工人等喻为"当代花木兰"（自创话题），因此一上线便引发了网友们热烈的讨论，也进一步推动了Z品牌在消费群体中的品牌好感度。

2.7　跨界营销，发挥整合优势

跨界营销，是当下较为流行的营销方式之一，其能有效消除品牌的"单薄扁平感"，增强品牌在消费者心目中的多面立体形象。

2.7.1　跨界思维冲破市场界限

在市场竞争激烈、消费者购买力急速上升的今天，各行业产品同质化现象却变得越来越严重，于是，越来越多的企业和品牌方抛弃了单打独斗式的营销行为，转而向其他企业和品牌方抛出了合作的橄榄枝，这便是跨界营销这一新的营销概念产生、兴起的背景。

跨界营销，简单而言，指的是不同品牌或不同种类的产品联合起来营销、推广，令各种元素相互渗透融合，从而达到 1+1>2 的宣传效果，塑造立体化的品牌形象，提升用户购买力。比如，农夫山泉曾与网易云达成战略合作，实施了一场成功的跨界营销，而后续举办的营销活动也同时提升了这两大品牌的曝光度和消费者好感度，可谓是双赢。

但是，并非任何品牌之间都能进行合作，跨界营销也需要遵循一定的营销原则。比如，不同企业、品牌在进行合作时，其背后的资源最好相匹配，在企业战略、品牌实力、营销能力等方面具有一定的对等性，同时资源共享、优势互补，如此才能最大化发挥协同效应。

另外，实行跨界营销的企业、品牌在目标群体定位上要具有一致性。最重要的是，跨界营销一定要以用户的体验为中心，在各方面都体现出专业性，如此才能加深企业、品牌与用户之间的情感交流。

资源匹配，资源共享，优势互补

在目标群体定位上具有一致性

重视用户感受，以用户体验为中心

跨界营销的营销原则

2.7.2　跨界营销的实施路径

一场高质量的跨界营销能借助不同的产品亮点、各具特色的品牌元素之间的联合找到新的营销突破口，以收获大众的关注度和讨论度，为企业或品牌的发展赋能。跨界营销的实施路径大致可分为渠道跨界、产品跨界、创意跨界三大部分，主要介绍如下：

其一，渠道跨界。渠道跨界指的是不同行业、领域的企业在渠道共享的基础上进行合作，利用此种营销方式很容易收获不同领域的用户。比如，线下商店可与线上商店展开合作，分享各自的销售渠道，以获得更多的用户群体。

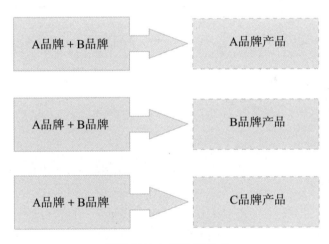

最常见的产品跨界形式

其二，产品跨界。产品跨界营销指的是不同行业、领域的品牌或产品之间进行合作宣传，或各自发挥所长，联合推出新产品的营销模式。常见的产品跨界模式有 A 品牌联合 B 品牌推出 A 品牌产品，比如农夫山泉曾与网易云合作推出限量款"乐瓶"；A 品牌联合 B 品牌推出 B 品牌产品，比如乳制品品牌"认养一头牛"曾与喜茶合作推出多款创意奶茶；A 品牌联合 B 品牌推出 C 品牌产品，比如国内某通信公司曾与知名视频网站合作，推出某款新品牌手机。

其三，创意跨界。有着相近企业文化和品牌理念的企业、品牌方之间一般更容易通过创意跨界的方式达到理想的营销效果。

2.8 差异化营销，特别的产品给特别的你

A 产品与 B 产品之间的差异化，往往是消费者选择其中某个产品而放弃另一产品的原因。而在市场竞争越发激烈的当下，差异化营销往往是企业或品牌方击败对手、取得胜利的关键性武器。

2.8.1 差异化营销的核心思想

差异化营销是指企业在研究不同消费群体的消费心理和消费习惯的基础上不断地细分市场，并分别向每个细分市场提供合适的产品及服务，制定不同的销售方式和促销策略，并逐一落实的一种营销方式。

在这一过程中，制造差异是营销手段，其最终目的是满足不同消费者的差异化需求，突出产品的"不完全替代性"，即本企业为消费者提供的产品在功能、外观、质量等方面是竞争对手无法完全替代的，从而帮助企业获得更多消费者的信任，占领更多的市场份额。

差异化营销的核心思想

2.8.2 差异化营销的基本策略

企业根据自身的产品、服务等，可选择不同的营销路线和策略。主要包括产品、服务、形象、渠道、价格等差异化营销。

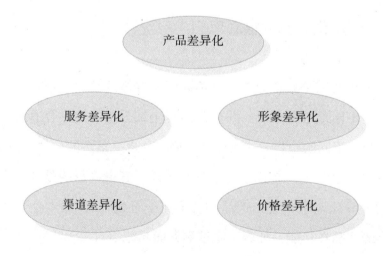

差异化营销的基本策略

第一，产品差异化营销。企业所提供的产品在满足消费者基本需求的基础上，同时在质量、性能、设计等方面还拥有超越其他竞争对手的优势，这是产品差异化营销的目标。产品差异化营销策略的实施具体可以从产品式样和特征两方面入手。拿产品特征来说，其指的是产品基本功能之外的亮点、特色。比如佳洁士推出的多款牙膏产品有的主打亮白，有的主打防蛀修护，有的则在高效脱敏方面具有优势。

第二，服务差异化营销。指的是企业所提供的与产品销售配套的不同类型的服务。比如家电公司提供的产品送货、安装、咨询、维修等服务。很多企业为了加大竞争优势，会在售前售后服务上制定不同的策略，尽量满足消费者更多的需求，保障消费者权益，以增强用户黏性。

第三，形象差异化营销。指的是通过塑造与竞争对手截然不同的企业形象、品牌形象、产品形象来给消费者留下深刻印象，收获消费者的好感。形象塑造的工具多种多样，比如名称、色彩、logo、各种线上线下活动等。以色彩为例，红色的可口可乐、蓝色的百事可乐都很醒目，能让消费者一眼就从众多同类产品中识别出这两款产品；淘宝网的主色调是橙色系，而京东的主色调是红色系；等等。

第四，渠道差异化营销。指的是企业从渠道建立、管理、维护、创新等方面入手，进行渠道差异化战略制定与实施，并最终获得超越对手的竞争优势。以零售行业为例，一些零售企业借助"新电商零售""直播新零售"模式，很好地满足了消费者的个性化需求，因此也获得了越来越多的消费者的拥趸，使得产品销售量直线上升。

第五，价格差异化营销。指的是企业在遵循市场规则的前提下，为不同的产品或服务制定不同的价格，或者为同类产品、服务分组定价。以视频网站的会员机制为例，消费者根据自己的需求花费不同的价钱去购买的不同类型的会员，如一般会员、超级会员等，所享受到的功能、服务各有不同。

第 3 章

传播：解码热销产品脱销的秘密

随着数字经济的深入发展，网络平台已成为人们生活中必不可少的一部分，它渗透在人们的学习、工作、娱乐等多个方面。正因如此，想要做好产品营销就一定要学会利用网络。

　　不同于传统媒介，网络平台的产品营销辐射范围更广，营销方式更加多样化，更新迭代的速度也更快。因此，只有不断学习，紧跟时事，抓住机遇，才能做好网络营销，增加产品曝光量，提升品牌知名度。

3.1　了解不同平台的规则与玩法

产品营销是根据市场需求，利用营销手段推销产品，使消费者产生购买欲望，进而了解产品、购买产品的一种营销手段。利用网络平台进行产品营销的方法有很多，需要具体问题具体分析。

要了解不同平台的游戏规则，并尊重游戏规则。要根据不同平台的特点制定特定的营销方案，使得产品的营销方式符合该平台粉丝的审美取向，这样大众才会被吸引，从而关注产品本身。

3.1.1　电商平台的规则与玩法

店铺活动是电商平台的主要营销方式，如第二件半价、卖商品送周边、限时立减、减满活动等。设置店铺活动可以吸引更多的消费者购买产品。除此之外，店铺还要做好产品的日常管理，如产品宣传图片的设计、广告设计、文案编写等，要突出产品的特点。

电商平台的营销要关注用户体验与反馈，如果出现负面反馈，要及时与顾客进行沟通，找出解决办法。过多的负面反馈会使消费者的购买欲下降，产品页面的浏览人数减少，从而导致产品的曝光量降低。因此，用户体验对于电商平台的营销来说是至关重要的。

3.1.2　社交媒体平台的规则与玩法

社交媒体平台注册用户多、浏览量大、流量大，可发布的营销内容形式多样，如果能够利用好社交平台，产品的关注度就可能在短时间内快速上升。

以微博为例，想要在微博做产品营销，首先要创建品牌账号，之后要经营账号，包括发布产品内容、和粉丝互动、直播抽奖等，采用多种方式吸引更多人的关注。除了品牌账号的日常维护之外，商家还可以创建话题、购买热搜广告位、投放微博开屏广告等。

创建话题是微博最常见的营销方式。话题要有看点，能够直击当下人们对于产品的关注点，这样才能够吸引更多人点进话题参与讨论。话题的讨论度提高就会变成热门话题，产品的关注度也会随之提升。

微信公众号的营销方式以推文为主。微信公众号可分为订阅号、服务号和企业微信。订阅号一般以个人名义进行注册，服务号和企业微信都需要以企业的名义注册账号。订阅号适合个人注册，每日可发一条消息；服务号每月可发四次消息；企业微信不限制发消息的次数。商家可以根据自己的需求选择合适的公众号进行注册。

商家创建公众号之后要对账号进行简单的装修，如设置公众号头像、编写公众号功能介绍、设置菜单栏、设置自动回复等，这些可以加深人们对公众号的印象，便于进行产品营销。

公众号的推文撰写要有逻辑性，在正式发文之前要先做营销策划方案。产品营销要围绕产品展开，可以讲述产品开发设计中的故事，也可以介绍产品的优势、性能，总之，要让读者的关注点落在产品上，看完文章之后能够认可产品。

推文的撰写会涉及文章的排版和插图以及封面图片的设计，在进行这些操作时要注意版权问题，尽量不要使用网络中的图片，可以自己拍摄图片再进行图片设计。

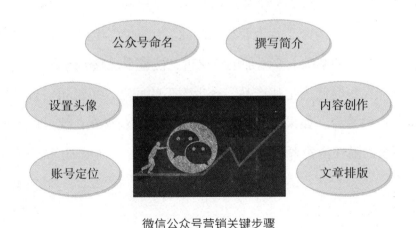

微信公众号营销关键步骤

3.1.3　社区类平台的规则与玩法

社区类平台有明显的版块划分，用户可以根据自己的喜好选择喜欢的社区。品牌在进行产品营销时需要带关键字，这样产品的广告就会出现在特定人群的首页。社区平台的产品营销多以视频广告为主，商家需要将广告封面设计成社区受众喜欢的样子，文案也要符合社区的主流方向。如知乎中的内容以问答为主，产品营销文案就可以设置为疑问句，吸引用户回答，增加产品曝光量。

3.1.4　短视频平台的规则与玩法

在视频类平台中，短视频平台一直是产品营销的主阵地。短视频时长短、节奏快、浏览人数多，便于产品宣传。

短视频平台的产品营销要想出圈就要注重内容创作。视频内容在符合产品定位的基础上要增加创意比重，使整个视频够新奇、有亮点，让人们能在短时间内记住产品，产生购买的冲动。短视频平台是传播范围很广的平台，如果产品营销视频能够被受众喜欢，就可以为产品带来更多的潜在消费者，吸引更多人购买产品，从而增加产品销量。

营｜销｜案｜例

时尚国潮营销

美妆品牌 H 品牌是一个主打"东方彩妆"的国产品牌。

在发展初期，H 品牌在微博招募"新品体验官"，邀请用户参与产品共创，使得品牌迅速打开市场，收获了第一批粉丝。

之后，H 品牌在微博、抖音等多个平台投放开屏广告，使更多人认识了这一品牌，扩大了品牌知名度。

H 品牌的主打产品是散粉，因此其在淘宝、京东等电商平台请主播带货时，不断强调其产品轻薄、粉质细腻的特点，吸引消费者购买。同时，H 品牌利用散粉包装的国风特点，在各平台的国潮话题中宣传产品，吸引了很多年轻人的目光。在这样的营销下，H 品牌产品的购买人数不断增加，成了爆款产品。

3.2 参加平台活动，增加产品曝光

各平台在一些特定时期会举办大型的平台活动，参加这些平台的活动可以增加产品的曝光量，吸引更多消费者。这些平台的活动大致可以分为两类——促销活动和话题活动。

3.2.1 促销活动

电商平台的促销活动关注度高、参与人数多，是促销活动中的典型，特别是 6·18 和双十一，经过近几年的发展，已经成为全民参与的促销互动活动。

首先，商家在活动开始前需要做好准备。首先要确定参与活动的具体产品。参与活动的产品通常由品牌的基础款、热销款和当季的新品构成，这样才可以满足消费者的不同购买需求。

其次，确定产品的备货数量。可以参考上一次参与活动时产品的售卖数量，也可以参考同类型产品的售卖数量。具体的备货数量要根据产品近期的销售情况做出调整，确保活动结束之后不会积压太多库存。

再次，制订活动计划。应从产品的促销方式、会员与非会员以及新老顾客的不同优惠力度等多方面入手，最终确定具体的活动方式。

电商平台活动中的促销方式多种多样，商家要找到最适合自家产品的方式。如果产品成本高、价格高，那么可以采取预售或发放优惠券的方式，将优惠力度控制在一定范围内，这样不会因优惠过多而赔本。如果产品成本低、价格低，则可以采用打折销售、买二赠一、赠送礼品等形式，刺激消费，增加产品销量。

最后，应在活动开始前的一两个月进行宣传。在不同平台发布促销信息、投放广告，让更多人知道商家的活动，这样在活动开始后才会有一定数量的消费者购买产品。

活动开始后，商家可以根据产品的预售成交金额以及店铺的订阅人数来判断产品的销售情况。商家要不断监测销售数据，根据消费者的购买情况及时调整产品备货数量。活动的最后一天，如果产品数量充足，商家可以进行大福利促销，如发放大额优惠券、买一赠一等。还可以在产品销售页面设置活动倒计时，营造紧张的氛围，给消费者以紧迫感，促使其完成购买。总之，在活动期间要尽量多地促成产品销售。

活动结束后要进行复盘。复盘的工作主要有以下内容。

产品的订单数、成交额是多少？

产品的售罄率、转化率是多少？

销售目标是否实现？

本次销售情况与上次相比有何变化？

本次活动留下的经验教训有哪些？

复盘工作的主要内容

3.2.2 话题活动

不同的平台在一些特殊的日子里都会举行各种活动，这些活动主要分为平台主办的活动、节假日的活动和日常活动三种。商家要抓住机遇，积极参加与产品风格相符的活动，扩大曝光率。

平台主办的活动一般一年举办一次，参与活动的人来自各行各业，活动的关注度很高，如微博之夜、抖音星动之夜等。这些活动往往会持续一段时间，在这段时间里，平台还会发起很多相关活动，并邀请粉丝参加。

商家想要参加这些活动一般有两种方法，第一种是成为活动的赞助商，直接参与活动；第二种是在推送宣传文案时带活动相关话题，增加宣传文案的阅读量。

大部分平台都会在节假日举办活动，如元宵节、七夕节、中秋节等。在这些节日里，消费者参加活动的热情会很高，如果商家能做好营销，自然能收获更多的粉丝。

大多数平台日常还会有不同的话题活动，这些活动可能是近期的热点话题，也可能是平台自己组织的活动，商家要根据活动的不同类型进行筛选，参加合适的活动。

3.3　借势达人与大 V，扩大营销

随着短视频运营与直播带货的兴起，KOL 营销开始大规模发展。其中，达人与大 V 营销是主要的两个组成部分。

达人与大 V 拥有一定数量的粉丝，具有较高的影响力，他们对于产品的使用评价可以影响一部分消费者。如果产品得到了达人与大 V 的推荐，不仅能够提升产品的口碑、知名度，产品的购买量也会随之提升。

3.3.1　寻找合适的达人与大 V

达人和大 V 营销的迅速发展促使其行业内部分化更加明确，达人与大 V 也划分出了不同的类型。

根据达人和大 V 发布内容的风格特点，可以分为直系垂类、泛垂类、泛娱乐类。

直系垂类指其作品内容是行业相关的，如美妆博主，他们的作品内容都是与美妆行业相关的，那么他们就是美妆产品的直系垂类博主。

泛垂类指作品内容是与产品相关的，或粉丝与产品的主要消费人群重合率较高，比如，美食博主可以为厨具带货。

泛娱乐类指作品内容具有娱乐性，如剧情类、搞笑类的博主，这类博主的粉丝范围比较广，可以根据产品特点调整作品内容。

根据粉丝数量的多少，可以将达人和大 V 分为尾部、腰部和头部三个等级。头部达人和大 V 的粉丝数量多、黏性高，其作品的关注度更高，有利于产品推广。但这类达人与大 V 的合作报价也更高。商家在与头部达人和大 V 合作时要注意成本投入。

腰部达人和大 V 粉丝数量要低于头部达人和大 V，这类达人和大 V 数量最多，报价不等，需要商家仔细筛选，找出合适的人选。

尾部达人和大 V 粉丝数量少，关注度低，但报价低，如果商家预算较少，可以考虑这类合作。

需要注意的是，商家在进行产品营销时通常会找多个达人或大 V 合作，所以要将所有的报价都控制在预算范围之内。

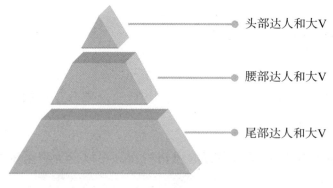

达人与大 V 的等级划分

在了解了达人与大 V 的分类和等级之后，商家要根据自己的营销需求寻找适合的人选进行合作。

首先要看达人与大 V 的人设和作品的内容风格与品牌调性是否一致，其发布的内容要符合产品的定位，能够体现产品的价值理念。

其次要看达人与大 V 的粉丝的年龄占比、兴趣偏好与产品的主要受众是否吻合，能否成为产品的潜在消费者，还要看粉丝的购买力能否达到预计的销量。

最后，要看达人与大 V 的作品数据的真实性，如果数据上下浮动过大，种草转化率不稳定，那么商家与达人的合作就存在失败的风险。

3.3.2 寻找合适的营销方式

达人与大 V 营销的主要方式有两种，一种是种草营销，另一种是直播带货。商家需要同各种达人与大 V 对接，寻找适合产品的营销方式。

★ 种草营销

种草的本质是站在消费者的角度，找到他们对产品最关心、最感兴趣的问题，在营销过程中为消费者解答疑惑，使消费者认可产品。

种草营销可以是博主介绍使用体验、感受，也可以是有剧情的短视频。相比于广告宣传，种草营销更加真实、有趣，更贴近消费者的购物理念，能够在短时间内打动消费者，使其产生购买欲望。

产品测评是种草营销中最为常见的一种。产品测评内容丰富、种类多样，美妆、美食、数码、游戏等多个领域的产品都可以通过测评来进行营销。

通常情况下，测评博主不会只测评一种产品，而是同时测评一些同类型产品，并对产品进行点评。以此为基础，测评内容主要可以分为开箱测评、试用测评、红黑榜总结和避坑指南这几种类型。品牌营销一般是开箱测评和试用测评。

在测评开始之前，商家要和达人或大 V 做好沟通，将产品的突出特点或优势告诉达人和大 V，并明确指出希望这些达人或大 V 突出表现和重点强调的内容，这样才能将本产品与其他产品区分开，找到适合产品的消费者。

参与产品测评，能够突出产品特点，为消费者留下深刻印象。比如，通过口红测评消费者能够清晰地区分多种口红色号，并从中找到最适合自己的一支。商家能够成功地让消费者记住口红的特点，扩大产品的潜在消费群体。

★ 直播带货

达人和大 V 拥有一定数量的粉丝，请达人和大 V 直播带货是最直接的产品营销方法。

直播是一种直接的推荐产品的营销方式。因此，商家在选择带货主播时，要选择与产品相关的达人和大 V，最好是有过相关从业经验的主播，这样，主播的推荐会更具说服力。

达人与大 V 的直播带货产品多样，能够吸引大量消费者观看，提升产品的销量。但近年来，直播带货问题频出，大量达人与大 V 投身其中，带货质量参差不齐，直播带货开始出现虚假宣传的问题。因此，商家在选择合作达人与大 V 时要提高警惕，做好调查，不能单纯以带货主播的流量大小为抉择标准，也要注意到主播本身是否存在问题，以及其带过的产品是否存在假冒伪劣的问题。

营销智慧 >>>

种草营销的效果评价

种草营销的效果如何主要看以下几个方面的内容。

第一，爆文率高低，即作品的流量高低。如果作品浏览人数多、转发数量大，成了爆款作品，则说明种草博主的爆文率较高，如果与该博主合作，产品的曝光量会随之增加。

第二，投放成本高低。投放成本主要参考种草博主的报价，如果该博主报价低，且作品的阅读量、点赞量都很高，那么商家就可以收回成本，甚至借此机会盈利。

第三，转化效果好坏，即转化率的高低。如果种草效果好，就能够吸引很多粉丝前往购买产品，转化率就很高。

3.4 玩转数字营销

随着数字技术的飞速发展，传统的营销模式已经无法满足品牌的需求了。数字营销的传播范围更广，而且能够更精准、快速地将信息传达给目标群体，性价比更高。它已经成为当下产品营销的主要方式。

3.4.1 数字营销的主要特征

数字营销的迅速发展使其成为商家营销的首选。而想要做好数字营销首先必须要了解其主要特征，这样才能掌握其本质，选出最适合的营销方法。

★ 精准营销

数字营销可以通过数据分析准确定位产品的主要消费人群，从而使营销精准化。

鲜花品牌ROSEONLY以"信者得爱，爱是唯一"为理念，依靠精准的数据分析，将主要消费群体定位为中高端消费群体，特别是情侣和夫妻。ROSEONLY的产品设计、包装、宣传文案、视频广告等都彰显出品牌的高贵与浪漫，迎合了这部分消费人群的审美喜好。同时，ROSEONIY还会在每年七夕节推出新的系列产品，如2020年的"玫瑰星球"水晶球、2021年的"为爱而生"永生花盒。这些产品的主要消费者精准定位为过七夕的情侣，满足了这些消费者的需求，既符合节日主题，又可以作为七夕礼物被送出，因而会在七夕前后销量大涨。

精准营销是数字营销的主要特征，也是其区别于传统营销的主要特点。通过数字营销，商家可以精准定位用户特征，根据主要消费人群的特点确定营销方式，减少因盲目营销造成的浪费，在节约成本的同时能够将收益最大化。

数字营销能够精准定位用户，这也提高了用户在营销过程中的参与度。用户的价值得到了提升，商家自然就会重视用户的体验与反馈，并以用户为中心制作营销方案。

★ 以数据为依托

如今，数字营销已经进入加速发展的阶段，很多商家也已经走在了营销数字化转型升级的道路上。与传统营销方式相比，数字营销对数据的依赖性更强。

数字营销依托大数据平台进行数据整合、监管与分析，精准定位目标群体，实时监控营销情况，准确分析销售情况，从而形成了新的营销格局。数据在数字营销的过程中占据着重要地位，是数字营销的基础。

商家要重视数据的作用，利用大数据平台选出适合的数字营销方式，走好数字营销的每一步。

★ 以创新为导向

目前，市场上数字营销的方式层出不穷，商家要以创新为导向，不断研发新品、更新营销方式，紧跟时代发展创造新的营销内容。只有这样，商家才能抓住消费者的喜好，找出消费者喜欢的营销方式，从而使营销出圈，吸引更多人购买产品，实现营销的最终目的。

3.4.2　数字营销的主要方式

数字营销主要包括内容营销、搜索引擎优化、邮件营销、联盟营销等方式。

★ 内容营销

内容营销是指以文字、图片、视频等方式向消费者传达产品的信息，实现营销的目的。内容营销可依附的载体很多，线下的宣传海报、商场大屏，线上的广告、宣传博文等都是内容营销。

内容营销的重点在于内容的创意，只有创建出有价值、有故事的内容，才能够引起消费者的共鸣，使其对产品感兴趣。

内容营销的方法主要有三种：PGC、UGC 和 OGC。

PGC 是 Professionally-generated Content 的缩写，意思是专业人士的内容输出，主要的营销模式是广告与推广。

UGC 是 User-generated Content 的缩写，主要通过用户生产内容，进行产品推荐，主要平台是例如知乎、豆瓣小组等具有社区氛围的平台。

OGC 是 Occupationally-generated Content 的缩写，是指具有专业知识或行业背景的人进行内容输出，表明产品可以获得业内人士的认可，取得消费者的信任。

PGC、UGC 和 OGC 之间是相互联系的，一个以兴趣为主的内容生产者可以通过长时间的训练变成专业生产者。但这三者也有明显的区别，商家要分清这三种营销方式的不同，寻找最适合产品的内容营销方式。

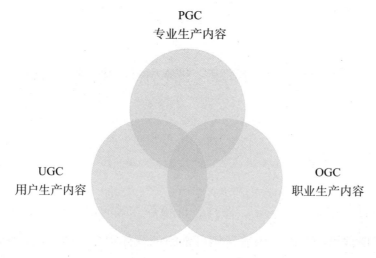

PGC、UGC、OGC 的关系图

★ 搜索引擎优化

搜索引擎优化（Sesrch Engine Optimization，SEO），是指按照搜索引擎的规则，优化产品网页，增加网页的搜索量。一个产品网页的排名越高，当目标用户搜索相关词汇时，其出现的位置就会越靠前，那么产品的曝光量就会越高。

一件产品在某一搜索引擎的排名靠前，浏览者会认为产品的综合实力更高，那么其购买该产品的可能性就更高。商家如果能够成功完成产品营销的搜索引擎化，就能够为产品带来更多的关注度，也能够减少投在广告和推广中的费用。

★ 邮件营销

邮件营销（Email Direct Marketing）是指商家向目标客户发送电子邮件，与客户进行沟通，向其推送产品信息、进行营销的方法。邮件的内容主要包括新品推荐、商家活动、市场调研等。发送邮件时要注意邮件的内容要清晰明了、言简意赅，可以添加图片，增加邮件的趣味性，使客户对邮件内容感兴趣。

邮件营销操作简单、成本低、使用范围广，是很多商家都会选择的营销方式。邮件的送达率、打开率、转化率和退订率等是衡量邮件营销是否成功的重要指标。

★ 联盟营销

联盟营销（Affiliate Marketing）是商家请联盟方来销售产品的方

式。如果营销期间产品销量高，商家将折返佣金给联盟方。

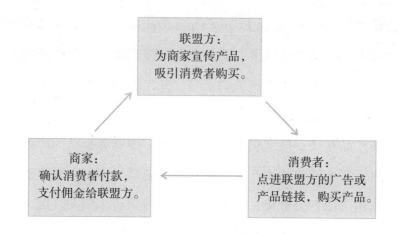

联盟营销的模式

55海淘、亚马逊联盟等就是以联盟营销为主要方式的平台，这些平台中的商家会通过返现、返利的方式吸引消费者购买产品。消费者购买产品之后能够得到一定数量的返现或返利，商家在收到消费者付款之后则需要支付一定的佣金给联盟平台。

联盟营销通过产品转化率来结算佣金，性价比高，同时能够通过平台宣传产品，得到免费的流量，是产品营销中较为划算的方法。

第 4 章

图文：不可忽视的超级营销符号

图文是营销的重要内容符号，不同图片、文字以及图文搭配会产生不同的视觉效果，引发观者不同的心理感受，从而达到不同的营销效果。

对于营销者来说，充分利用好图片和文字来开展营销，能使企业、品牌、产品达到良好的宣传效果，进而为接下来的产品、文化变现奠定良好的营销基础。

4.1 优化 logo，让用户一见倾心

logo（全称为 logotype），指徽标或商标，是一种文化的图文符号表达，能起到视觉注意、文化宣传、运营推广的作用。一个富有创意的 logo 能成功引起受众的关注并使受众一目了然、一见倾心且印象深刻。

这里所提到的 logo 是指广义上的所有可以被应用于引导识别、宣传推广等营销活动的图、文及图文符号组合。

4.1.1 具备 logo 的基本特点

无论是传统营销还是互联网营销，无论是线下营销还是线上营销，logo 在营销过程中一直是一个非常值得重视的视觉符号。在任何营销环境、平台中，营销者都应保持足够的营销敏感度，充分使用好自己

（个人或企业组织）的 logo。

一般来说，营销主体（个人或企业组织）在营销过程中想要表达的内容是非常多的，而要想在短时间内，如利用消费者碎片化的时间吸引到消费者的目光，精简、抽象、生动的 logo 无疑是具有视觉注意优势的。当然，logo 不能单纯为了吸引注意而设计，它一定是与营销主体所要表达的理念、文化等精神内涵是相契合的。

基于 logo 的精神内涵和营销需求，一个比较成熟的 logo 一般应具有五个特点，即识别性、独特性、象征性、色彩性、法律性。

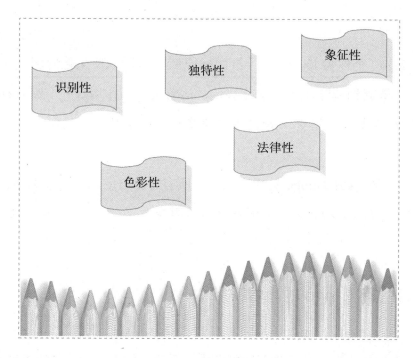

logo 的基本特点

这里对 logo 的五个基本特点展开阐述如下。

识别性——logo 应容易被识别，这是一个合格的 logo 最基本的特点。如果 logo 的设计和其他相关 logo 过于同质化，需要消费者艰难地辨认，那么就会在无形中降低消费者对 logo 的有效注意，进而可能会弱化营销效果。

独特性——logo 的独特性主要表现在两个方面，一是 logo 应体现出行业特点，应尽量包含能表现营销内容领域的典型图文符号；二是 logo 应体现出营销主体的产品、文化特色。

海鲜餐厅商标　　　　　　　新媒体平台账号头像

象征性——简洁、抽象化的图文符号赋予了 logo 象征性特征，如茶产品、母婴产品等具体产品的商标。将营销内容浓缩成可视化符号并非易事，也正因此，logo 设计更多时候需要企业负责人、运营负责人、设计师的共同参与。

茶产品商标　　　　　　　　　母婴产品商标

色彩性——不同色彩的运用会让受众产生不同的视觉和心理感受，如绿色代表希望、环保；红色代表热情、危险；蓝色代表平静、理性；等等。为 logo 添加特定的色彩能让消费者产生某种心理暗示。

法律性——logo 用于营销的最终目的是盈利，属于商业行为，应确保 logo 合规合法，并且不得侵害他人的合法权益。

此外，logo 还应有设计性、创新性、审美性等特点。

4.1.2　树立 logo 意识，巧用图文营销

在追求良好的营销效果的过程中，营销主体要始终树立 logo 意识，通过合理使用图文来吸引受众关注、浏览，并让独特的图文应用成为自己的一种风格特点，逐渐完善产品和品牌文化。下面举例进行解析。

以微信订阅号和微信公众号营销为例，营销者可以撰写文章、插

入图片、音频、视频等。而文章发表后，在订阅用户的浏览列表中的展示内容是有限的，往往只展示头图，因此头图的选择非常重要。头图起到引导订阅用户了解文章及账号的风格、内容、专注领域的作用，所以，要重视头图的选择。每一篇文字的头图都应能给用户带来特别的视觉冲击和感受，这样用户才能有兴趣点击并阅读文章。

此外，在确保每一篇文章的头图有足够的用户吸引力的基础上，应尽量确保所有文章的头图风格一致，形成订阅号或公众号的文化特色，使用户一看到这种风格的图片就能自然而然地联想到你的订阅号或公众号。这就是图文营销效果的重要体现。

微信订阅号消息展示示意图

4.2 好广告，成就营销

成功的广告营销能传达产品的基本信息，形成促销功能，也具有一定的审美性，让人印象深刻。然而，想要实现预期中的广告营销效果，就一定要遵循广告的基本原则、重视广告的视觉要素，同时突出广告的创意性。

4.2.1 广告营销的前提：遵循基本原则

广告营销是指企业为了提高企业美誉度、影响力和产品知名度、销量而展开的一系列宣传推广活动。实现广告营销效果的前提是遵循广告的基本原则，包括真实性、通俗性、简明性、独创性等。

广告的基本原则

第一，真实性。真实性主要是指营销人员通过广告文本、画面等传达的信息符合现实、数据真实准确、观点客观科学，没有伪造成分。

第二，通俗性。广告能够产生预期的宣传效果的前提在于消费者能够毫无障碍地理解其所传达的内容，并由此产生购买欲望，因此通俗性也是广告的基本原则之一。如果广告展现形式复杂，内容晦涩难懂，无法让消费者在短时间内获取最有效的信息，广告效果则大打折扣。

第三，简明性。面对充斥在生活中的形形色色的广告，消费者不可能逐字逐句地去阅读，大多只是粗略地浏览一下，在这种情况下，越是简单、清晰的信息越容易被记住。正因如此，好的广告创意大多是简洁明了、直接揭示主题的。

第四，独创性。想要在海量广告中脱颖而出，营销人员所策划的广告就一定要新颖、巧妙、富有想象力和独创性。

4.2.2 广告营销的要点：重视视觉要素

对于普通消费者而言，第一眼能否被打动是很重要的，因此广告营销的要点是重视广告的视觉要素，致力于给消费者带来良好的第一印象。

按照不同的传播方式，可将广告分为视觉（平面广告）、听觉（广播广告）、视听觉（视频广告）三种类型。而视觉、视听觉类广告一般都脱离不了图文形式，所以广告所包括的视觉要素有文字、图形、色彩、构图等。这些要素在不同的广告中起到了不同的作用。

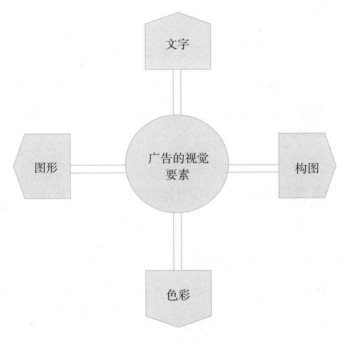

广告的视觉要素

第一，文字。在广告设计中，相比其他元素，文字的视觉传达效果最为明显、直接，围绕主题拟定的标题性文字和说明性文字通过合理的排版、布局能有效突出广告重点，加深消费者对产品或品牌的认识。

第二，图形。作为广告设计中最为重要的视觉要素之一，图形直观地展现了广告的视觉形象，比文字更能勾起消费者阅读、观看的兴趣。

第三，色彩。在广告视觉传达中，营销人员和广告设计者能通过不同颜色的明度、纯度、对比等加强广告内容中所蕴含的感情强度和艺术感染力，以此给予消费者一定的视觉冲击，引起消费者相应的情感反应。

第四，构图。广告构图指的是将图、文、色彩等其他视觉要素按照一定的规律进行编排、组合，从而达到吸引消费者注意的目的。具体构图方式包括中轴式构图、对称式构图、重复式构图等。

4.2.3　广告营销的核心：突出创意性

广告的灵魂在于创意，独特、充满个性的广告创意能迅速且长久地吸引受众注意力，促进其购买力，从而达到令人满意的营销效果。

"巧传真实"——一个"巧"字就点出了广告创意的内涵。首先，企业或品牌方在利用广告去传达产品真实信息的同时也要运用各种创意手段去巧妙地赋予产品或品牌独特的内涵和特质。其次，广告创意要"新"，要"奇"，要创造差异、与众不同，达到令消费者眼前一亮的效果。另外，广告创意必须能满足消费群体的需求，为其提供明确的利益，如此才能成功说服消费者去购买产品。最后，出色的广告创意往往是在诸多旧元素的重新理解和组合上产生的，而非凭空生造出来的。

赋予产品或品牌独特的内涵和特质

创造差异，为消费群体提供明确的利益

对旧元素、旧概念的推陈出新

广告创意的本质

在互联网技术高度发达的今天，一则优秀的广告往往能在很短的时间内获得极高的关注度，达到很好的传播效果。而优秀广告的核心吸睛点往往在于其别出心裁的创意。那么，如何巧妙地在广告中融入各种创意手法，从而达到令人眼前一亮的营销效果呢？

具体而言，广告创意的表现手法包括直接展示法、突出特征法、对比衬托法、拟人法、反套路法等。大致介绍如下。

第一，直接展示法。直接展示法，即将所要售卖的产品或品牌logo等放在画面的主要位置，直观地展示给受众，同时根据实际情况运用不同的背景光进行烘托，令整个画面更具感染力和视觉冲击力，以着重突出产品。

第二，突出特征法。在广告中总结品牌、产品、服务的最大的优势或特征，将其着重凸显、巧妙放大，并在此基础上突出广告主题。

第三，对比衬托法。在广告中将不同的事物放在一起产生对比，显示出其中的差别，以此强调产品优越的性能，给消费者留下深刻的印象。对比衬托法运用得好，能增强画面的隐喻意味，令广告内容表达更具层次感和深度，令整则广告更具艺术感染力。

第四，拟人法。拟人法指的是将品牌、产品、服务等拟人化，以呈现更有趣的视觉形象，更好地表现品牌、产品、服务的特点。

第五，反套路法。反套路法指的是不按常理出牌，推翻以往人们所熟悉的思维方式，另辟蹊径。有时候，利用消费者的"逆反心理"反而能有效提升广告的曝光度，展现品牌和产品的价值，从而引起消费者的情感共鸣。

无论是运用直接展示法、突出特征法，还是拟人法、反套路法等，只要符合品牌定位，有效突出了企业形象，给观众带来别样的视觉体验和心理感受，就能达到令人惊艳的营销效果。

但需要注意的是，广告创意始终受到市场、消费者、竞争对手等因素的限制，虽然广告创意最好做到标新立异、与众不同，但过于天马行空、脱离现实的创意却很难打动消费者，也难以产生预期的营销效果。

营|销|案|例

格外吸睛的反套路营销法

广告营销并不一定就要顺着消费者的思路去进行思考、策划，有时候，反其道而行之反而能够取得令人意想不到的营销效果。

比如，Y 品牌曾在杭州的热门商场周边投放了一组特殊的户外广告，设计虽然简单，却十分引人注意。原本这些广告位是用于宣传 Y 品牌为期六天的商品促销活动的，但如今广告牌上的文案却告诉大家，这组促销广告被临时换掉了，因此大家"还是别看这个广告了"，并提醒大家减少在公共场所聚集。

这种反套路营销法立刻吸引了大批路人的注意。很多人将这组广告牌拍照传至社交媒体，引来了网友热烈的讨论，话题热度迅速发酵，而 Y 品牌的品牌曝光度和用户好感度也因此倍增。

4.3 好文案，戳痛点要稳、准、狠

文案指的是品牌宣传或产品推广过程中相关人员策划、设计的以文字为载体所展现的创意策略。优质的文案能稳、准、狠地戳中消费者的痛点，令品牌、产品等在激烈的市场竞争中脱颖而出。

4.3.1 文案四要素

高明的文案能够直观地展示品牌特色、产品优势和服务内容，直击消费者需求，从而使得消费者和企业、品牌方之间的沟通更顺畅。

文案包含标题、正文、口号、随文四要素，每一部分都需要营销人员去巧妙构思，精心策划，以吸引受众注意。

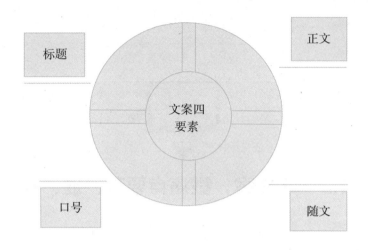

文案四要素

第一，标题。文案标题是消费者对整则文案的第一印象，要求其在具有概括性的同时具有一定的传播性，让消费者在看到的当下就被吸引，被勾起浓浓的阅读兴趣。常用的文案标题有问答式、口号式、提醒式等。针对问答式标题，具体又可分为这几种模式："痛点问题 + 解决方法 / 核心价值"，如《营销怎么做？三大秘诀帮你搞定》；"痛点问题 + 提醒 / 反问"，如《写文案需注意什么？小心陷入文案套路》。

第二，正文。正文是文案的主体内容，它围绕着文案主题展开，介绍了产品或服务详情。文案正文创作需满足这几个条件：其一，正文内容呼应标题或解决标题中设置的悬念，不可跑题，否则就会给消费者留下"标题党"的负面印象；其二，正文需针对消费者的问题提供解决方案或满足消费者的情感需求等；其三，正文中可引用相关权威数据来增加整则文案的说服力，加强消费者对产品的信任。

第三，口号。口号类似于广告标语，简洁明了，便于记忆，朗朗上口。别具一格的文案口号能让消费者迅速记住品牌、产品的特色。常见的形式包括联想式、赞扬式、比喻式、推理式等。

第四，随文。随文一般附在文案结尾处，是对文案内容的一些补充，或展示企业、品牌、产品等的一些附加信息，如企业官方网址、电话号码、店铺地址、产品审批号等。需要注意的是，随文内容需要简短明了，不需要罗列过多信息。

4.3.2 优质的文案是营销的关键一环

在新媒体时代，文案创作能力变得越来越重要。高质量的文案能有效提升消费者对品牌、产品的好感度，提高产品销量，是品牌营销、产品推广中的关键一环。那么，创作优质文案的秘诀有哪些？如何让你的文案具有打动人心的力量？

只要你的文案足够优秀，就能调动消费者的兴趣，促进产品的营销。常见的创作优质文案的技巧总结如下：

第一，放大优势，强化喜爱。最常用的文案创作手法是放大产品的优势，强化受众的喜爱度。比如，方太智能油烟机的广告文案有"四面八方不跑烟""拥有 600 多项专利，行业遥遥领先"等，都是在用简洁直观的语言去突出产品的核心卖点，加深了消费者的良好印象，从而极大地提升了营销效果。

第二，直击消费者的需求，戳中其痛点。产品的营销推广文案若能深入消费者内心，让其产生购买欲望，就是好文案。想要做到这一点，产品文案创作不只要立足于消费者的功能型需求，还要想办法满足消费者的体验型需求、成本型需求等。

功能型需求指的是在文案中突出产品的某一性能，这是最常见的；体验型需求指的是重视消费者的情感、态度等方面的需求，创作文案时着重突出这方面的内容，吸引有着这方面需求的消费者的注意；成本型需求指的是满足消费者想要降低生活成本的需求，比如突出产品的高性价比等。一旦你的文案能够直击消费者痛点，就能产生绝妙的营销效果，迅速抓住消费者眼球。

第三，设置悬念，勾起消费者的好奇心。文案创作并不一定就要按部就班、四平八稳，还可以在文案中加入悬念色彩，令消费者不由自主地阅读、浏览下去。悬念具体可设置在标题或篇首位置，其有助于营造氛围，埋下伏笔，顺理成章地引出下文。悬念还可安插在文中，起到承上启下的作用，随时吊起消费者的胃口。需要注意的是，悬念设置要结合主题来进行，不可太生硬，否则非但不能达到预期中的营销效果，还可能引起消费者的反感。

第四，将产品与人们熟知的事物、概念进行形象化类比。当你向消费者介绍一款新产品或产品的新功能时，最好的办法是寻找出人们所熟知的事物或概念，进行形象化类比，这能帮助人们迅速地理解、接受新产品或产品的新功能，加深对后者的印象。比如微信的slogan"微信，是一个生活方式"，苹果推出 ipod 时，广告语也十分形象，即"把 1000 首歌装进你的口袋"，这些经典的文案在当初都为产品的营销、推广起到了关键性的作用。

放大优势，强化喜爱

直击消费者的需求

设置悬念，埋下伏笔

运用形象化类比

创作优质文案的秘诀

4.4 产品怎么拍更吸引消费者

用户对产品的第一印象往往来自产品的外观，所以图片的拍摄非常重要。图片会给用户以视觉冲击。图片的好坏能够直接影响用户的购买欲望，从而影响产品的销量。那么，产品要怎么拍才能吸引消费者呢？

4.4.1 做好拍摄前的准备

工欲善其事，必先利其器。想要拍摄好的照片，适合的拍摄器材必不可少。专业的数码相机方便调整各种参数，拍摄出的照片像素更高，图片更清晰，是首选的拍摄器材。如今的智能手机拍摄功能越来越完善，拍摄出的照片像素越来越高，如果没有专业的相机也可以使用智能手机替代。

拍摄照片时，设备的稳定性十分重要，保持设备稳定能够让对焦更准确，拍摄的照片更清晰。如果摄影师手容易抖，可以选择三脚架来支撑拍摄设备。

摄影是光影的艺术。光线对照片有着十分重要的影响，在室外拍摄时一般借助自然光，在室内拍摄时就要好好设计和布置灯光了。室内摄影时可以选择节能灯、专业的摄影灯或数码相机的外置闪光灯等。

拍摄时为了突出物品，最好将物品放在布置简洁的环境中，因此准备一个画面干净的背景布十分重要，这也能为后期修图提供便利。

| 数码相机 | 摄影灯 | 背景布 |

拍摄需准备的物品

4.4.2　拍摄的注意事项

想要拍摄出令人心动的照片，摄影师就要把握好拍摄的光线和角度。以下一些注意事项可以帮助摄影师拍出满意的照片。

（1）让光源与摄影师在同一方向或略有偏移。光源打到物品上才能让被摄物品处于高光之中，摄影师与光源保持同一方向可方便地拍摄产品正面。除此之外，摄影师还可以与光源方向保持适当的偏移，这样可以产生一些阴影，突出物品的质地和立体效果。

（2）掌握好拍摄距离。近距离拍摄可以展现物品细节，远距离拍摄可以呈现物品的整体效果，在拍摄时要将想要表达或展示的主体置于中心位置，以此突出和强调主体。

（3）保持拍摄设备的稳定。三脚架可以保持拍摄设备的稳定，如果没有三脚架，可以双手握住拍摄设备，手肘抵住身体，这样可以减少晃动，保持稳定。

（4）参照物的运用。在拍摄物品时，可以在物品旁边放置一个大家熟知的参照物，这样可以让消费者通过对比了解物品的尺寸。

（5）变换拍摄风格。如果每次拍摄产品都使用同一种拍摄风格，消费者难免会产生审美疲劳。时常变换拍摄风格可以给用户带来新鲜感，增加消费者对产品的兴趣。

4.4.3　不同产品的拍摄技巧

不同的产品有着不同的拍摄技巧和拍摄重点，在进行拍摄时要突出产品的特点和优点，展现产品最美好的一面。

★ 食品的拍摄技巧

食品质量的高低往往取决于它的色、香、味，线上购物无法让消费者体会食品的香和味，但是可以在"色"上下足功夫，让消费者看到产品就能勾起食欲。

水果类食品完全成熟时颜色偏深，因此拍摄水果类食品时可以选择八分熟的果实，此时的水果色泽鲜艳，果实饱满，拍出的图片更能吸引消费者。拍摄前可以用软布擦拭水果表面，去除灰尘，起到抛光的作用。

熟食在刚做完时呈现的状态最好，此时拍摄效果也最好，刚出锅的熟食富有光泽，让消费者看到就想尝一尝。

另外，盛装食品的餐具也要用心挑选，不能选择太花哨的餐具，以免喧宾夺主。餐具的大小、形状、花纹等要与食品和周围的环境相协调。

★ 服装等布艺制品的拍摄技巧

消费者购买衣物等布艺制品时，在关注衣物样式的同时也会关注衣物的材质，因此在拍摄此类物品时，既要拍摄产品的整体样式和效果，也要拍摄布料细节，让消费者通过图片感受到衣物的质感。

在拍摄衣物细节时，如果材质细腻，可以选用柔和的灯光，这样更能体现质感，如果材质较为粗糙，则适宜直接打光。

★ 玻璃水杯等透明日常用品的拍摄技巧

在拍摄玻璃或透明材质的产品时，要体现"透明"的特点。拍摄时要注意以下几点。

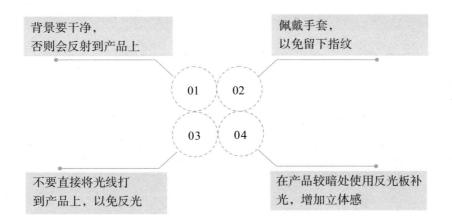

水晶等透明物品的拍摄技巧

★ 饰品等反射物品的拍摄技巧

饰品等物品表面光滑，容易反射周围的物品，因此在拍摄时要格外注意周围环境的布置；环境颜色应保持单调，并与拍摄物品颜色接近，这样可以减少反光造成的影响。

4.5　打造优质产品详情页

产品详情页中展示着产品的详细信息。消费者通常通过详情页的介绍来决定最终是否购买产品，所以详情页的作用不言而喻。那么，如何才能打造优质的产品详情页，提高产品的购买率呢？

4.5.1　提炼商品卖点

商品详情页的主要作用之一就是激发消费者的购买欲，因此运营者需要认真提炼商品的卖点，将商品的与众不同之处展示出来。具体提炼时，可以从商品"共性"以及"个性"两个角度出发，展现商品的基本特点与独有特点。具体提炼时可以从以下几个方面着手。

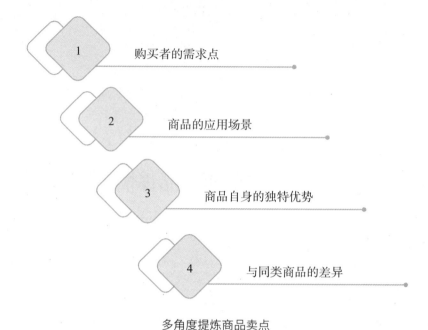

多角度提炼商品卖点

其中，与同类其他商品的差异是要表现的核心内容，运营者要在这一点上细细打磨，产品的差异化可以体现在多个方面，如原料、设计、制作工艺、渠道、功能、服务、形象等。

4.5.2 丰富详情页的内容

详情页不仅需要包含产品的外观图片，还需要包含消费者关心的商品参数和信息。具体来说产品详情页通常需要包含以下内容。

（1）商品详情。详细介绍商品的产地、材质、颜色等信息。

（2）商品尺寸。描述商品的大小、容量等信息。

（3）外观图片。多角度、全方位地展示商品外观，让用户通过图片充分了解商品。

（4）同类商品对比。与同类商品进行细节对比，体现商品的优势。

（5）展示好评或买家秀。可以在详细页将一些真实的消费者好评或买家秀展示出来，打消消费者的顾虑。

（6）购物须知。在购物须知中对商品所用物流以及退换货的处理流程进行说明，避免将来产生不必要的纠纷。

详情页包含的内容越丰富，客服的工作量就越少。实际设计时，可以根据买家对各项信息的关心程度进行排列，将消费者最关注的问题放在前面。

4.5.3　精心设计详情页的版式

将产品详情页的图片和文字以简洁、整齐、舒服的方式排列在一起，精心设计过的详情页版式重点突出，风格与店铺一致，能够让用户产生愉悦的观感。一些网店聘请专业的设计师来为店铺设计版式，这与现实生活中的商场进行装修的道理是一样的。装修豪华的商场让消费者产生舒适的购物体验，从而愿意一再消费，认真设计过的网店让人产生信任感，从而提高复购率。

商品的详情页通常包含品牌展示区（用于展示店铺品牌信息）、促销广告区域（展示促销信息）、公告区域（展示快递配送以及售后信息等）以及用户体验区四个区域。其中，用户体验区展示商品的各种详细信息，是商品详情页中最重要的内容。其在进行版式设计时需注意以下几点。

（1）使用图文混排的格式。在排版时避免出现大段文字描述，减少消费者的阅读疲劳，让购物更轻松。设计师可以将重要文字嵌入在图片中，这样消费者在欣赏美图的同时即可获取商品的各项参数。

（2）巧妙利用表格。有时用文字进行排版时容易出现排版错乱、不整齐的情况，这时借用表格就可以将多项内容整齐排列，如利用表格介绍商品尺寸、利用表格展现多种商品的对比等。

（3）图片主图出现在详情页最上方，通常是消费者最先关注的图。以淘宝、天猫为例，设计者可以安排以下 5 种类型的图作为主图。

| 正面图 | 侧面图 | 细节图 | 包装图 | 促销图 |

产品详情页的主图

营销智慧 >>>

依据产品特点设计详情页风格，吸引消费者

运营者在设计详情页时可以依据产品特点选择适合的风格。例如，如果运营者卖的是田园风格女装，则可以将页面设计成清新文艺风格，再配上一段优美的文字，可以瞬间打动消费者；如

果运营者卖的是电器，则可以将页面设计成带有科技感的风格，再配上能够突出电器创新亮点的文字，定能吸引消费者；如果运营者卖的是玉石等，则可以将页面设计成古典风格，再配上与之相称的诗文等，就可以让喜好风雅的消费者沉浸其中。

第 5 章

短视频：增强营销获客的内驱力

短视频营销是当下比较热门的互联网营销方式。在各大短视频平台上，短视频营销竞争激烈，因此，要想成功获客引流，就必须要掌握一定的营销技巧。

要从数量庞大的短视频中脱颖而出，是一件非常困难的事情，但并非不可能。用心、持续、优质的短视频输出能为你带来持续稳定的视频曝光率，进而走进更多人的视野，成功实现获客引流。

5.1 自媒体营销如何"种草"

自媒体营销是一种大众化的营销方式，它让普通大众有机会通过互联网"发出属于自己的声音"，也让营销更具主动性。但在自媒体营销中，营销者往往势单力薄，因此如何通过营销"种草"也成为很多自媒体营销者的困惑。

5.1.1 自媒体与自媒体人

自媒体（We Media），是一种传播方式，是指用户借助互联网技术来传播信息。

自媒体中的信息多是用户自己搜集、整理的信息，从自己的角度对信息进行汇总、发表看法、上传发布。因此，由于不同的人对信息的整理归纳方式与能力不同，信息的传递时效、规范性也会存在一定的差异。从自媒体的英文名称和信息传播特点来看，自媒体具有大众化的特点。

从事自媒体行业的人，即自媒体人。随着互联网技术的发达，各种自媒体平台不断涌现，自媒体人的数量也在不断增多，在这些人中，有具有专业媒体从业经历的媒体人，也有普通社会大众，而且普通社会大众占据更大比例。也正因如此，自媒体人具有私人化、普泛化、自主化、平民化的特点。

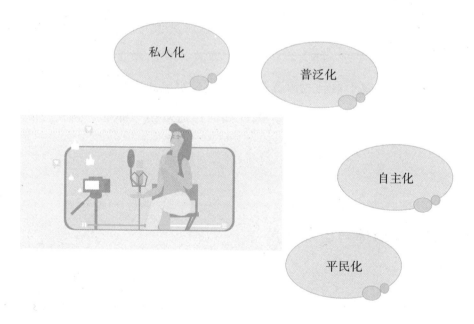

自媒体人的特点

5.1.2　自媒体营销"种草"的形式

自媒体信息传播和自媒体人的灵活、普泛等特点，使得自媒体营销"种草"的形式非常灵活和多元。其主要有三大类，即图文"种草"、视频"种草"、直播"种草"。

★ 图文"种草"

图文"种草"主要通过发布商品相关的图片、文字来介绍商品，使用户能通过视觉直观感受到产品的外观和效果。专注于图文"种草"的自媒体人应注重图文的质量，如图片的明暗、构图、分辨率，文字语言的流畅程度，是否有错别字等。

图文"种草"比较适合应用于微博、小红书、微信公众号、微信订阅号、今日头条等平台。

★ 视频"种草"

对于自媒体人来说，干货分享是非常普遍的一种短视频营销"种草"方式，包括生活分享、经验分享、知识分享等。他们通过分享对公众有帮助的、具有指导性的信息来获得用户关注和平台流量。

在内容分享的过程中，会涉及一些具体的物品，这些物品就是自媒体人营销的商品。只不过这些商品隐藏在分享过程中，通过分享中的直接或间接讲解、演示完成"种草"。

视频"种草"比较适合应用于抖音、快手、微视、火山小视频、美拍、好看视频、皮皮虾、B站等平台。

★ 直播"种草"

直播"种草"是一种非常直接的营销种草形式。在直播的过程中，营销目的性比较强，受众观看直播的目的性也很强，二者不谋而合，这就能增强"种草"的成功率，有助于增强商品转化率。

直播"种草"比较适合应用于淘宝直播/点淘、抖音电商、京东直播、快手电商、多多直播、小红书、蘑菇街、苏宁直播、得物POIZON等平台。

不同"种草"形式各有特点，创作者可以结合自己的喜好、擅长领域选择某一种或几种"种草"形式。

图文"种草"	微博、小红书、微信公众号、微信订阅号、今日头条等
视频"种草"	抖音、快手、微视、火山小视频、美拍、好看视频、皮皮虾、B站等

直播"种草" → 淘宝直播/点淘、抖音电商、京东直播、快手电商、多多直播、小红书等

自媒体"种草"形式及代表性平台

5.1.3 短视频"种草"

正如前文所述，视频"种草"侧重于内容分享，创作者通过将商品巧妙地放入自己的短视频当中，直接或间接进行展示，引导受众在观看视频的过程中关注到具体产品，从而完成对目标受众的"种草"，使他们产生购买产品的想法。

短视频"种草"过程中，影响"种草"成功率的因素有很多种。如短视频的画面质感、风格、表达方式等，都会影响到消费者的观看体验，进而影响"种草"的成功率。

具体来说，短视频"种草"有以下几种具体方式。

★ 直接"种草"，测评与开箱解密

在短视频"种草"中，开门见山的测评与开箱解密是最常见的"种草"方式。这种"种草"方式具有简单、直接的特点，能在短时间

内让受众了解短视频中的产品类型、产品特点、产品使用方法和效果等，不拖泥带水，受众喜闻乐见。这种方式的视频拍摄与剪辑要求并不高，短视频创作者操作起来非常简单，尤其适合新手。

★ 间接"种草"，场景＋剧情导入商品

随着短视频领域的竞争越来越激烈，短视频的风格越来越丰富多样，制作越来越精细、精良，越来越多的优质短视频开始出现，场景类、剧情类的短视频使得受众的观看体验进一步得到优化。受众在观看短视频的过程中，感受到的商业气息不那么浓重，因此对商品的排斥感会大大降低，有助于提高短视频的完播率和"种草"成功率。

需要特别提醒的一点是，此类短视频对视频制作的要求较高，需要制作者事先写好视频脚本，并找到合适的演员来自然地演绎脚本内容和完成商品的植入，对创作者、演员、剪辑者都有一定的技能要求，适合具有一定能力水平和经验的短视频创作者。

★ 选择性"种草"，多个同类商品对比

这里的选择性"种草"具体是指短视频创作者并不向受众指定"种草"固定品牌的某一种固定商品，而是较客观地展示多个同类商品，把"种草"的决定权交给观看短视频的受众，由受众根据自己的喜好来"种草"其中一种或几种商品。

在这里需要特别强调的一点是，在进行多个商品对比展示时，一定要避免为了特别突出某个商品而恶意贬低其他商品。

短视频的创作方式是多种多样的，短视频"种草"方式也具有较高的灵活性，短视频创作者可以结合自身的特点、风格、定位等来选择以上一种或几种"种草"方式。

5.2 提高完播率

有数据表明，截至 2021 年 12 月，中国短视频用户规模超过 9 亿人，网民使用率超过 90%。[①]想要在如此多的用户中脱颖而出并非易事，短视频创作者必须不断优化短视频的内容质量，提高完播率，避免受众看到视频就"划走"。

5.2.1 找准自己的视频领域

目前，各大短视频平台所面向的用户群体不同，平台整体短视频所呈现的风格不同，而且不同短视频也有具体内容的细分。对此，短视频创作者要做到心中有数。

---

① 2021 年中国短视频市场规模、用户规模及行业趋势分析 [EB/OL]. https://new.qq.com/omn/20220719/20220719A04ZNX00.html，2022-7-19.

首先，短视频创作者要选准短视频平台。

对于短视频新手创作者而言，做短视频初期，涉及平台不宜过多，一般来说，一至两个平台即可，要考虑到自己的时间和精力等问题，切勿贪多。

在对不同的短视频平台进行选择的过程中，可以根据自己的受益预期来选择平台。既可以选择只要视频有播放就有受益的平台，如头条号、百家号、大鱼号、企鹅号等，也可以选择吸粉引流、后期变现的平台，如抖音、快手、西瓜视频等。

其次，短视频创作者应选准自己擅长的内容领域。

从短视频所呈现出来的主题内容来看，可以将短视频内容归类为多个领域。短视频创作者可以根据自己喜欢的领域进行短视频创作，并参考和吸取其他同类短视频创作者的优点来不断优化自己的短视频，进而提高完播率。

常见热门短视频内容领域

5.2.2　把控质量，让短视频与众不同

要提高短视频的完播率，提高视频内容质量是重中之重。优化短视频内容，是提高完播率的重要前提。

短视频创作内容是多元的，并不局限于某一种素材、题材、形式、领域等，但毫无疑问，创作者只有在自己擅长的领域才更容易做出优质的短视频。因此，在找准自己的视频领域之后，接下来要做的就是专心做内容。

这里从内容布局上来解析短视频的内容提升。

首先，短视频的开头很重要。

短视频创作者可以将短视频中最精华的内容、最容易引起受众共鸣或讨论的内容放在短视频的开头部分以吸引受众观看下去，一般选取 5 ～ 10 秒的内容为宜。这是很多短视频创作者经常采用的内容创作方法。

其次，短视频的中间部分要有干货。

如短视频中数量较多的知识点的持续输出、讨喜的人设、环环紧扣或不断反转的剧情、引人入胜的分析和画面展现等。当你的短视频能呈现出与众不同的干货时，就会让受众觉得"眼前一亮"，进而能让受众留在屏幕前将短视频看完。当然，这需要创作者投入大量的时间和精力去认真打磨内容。

如果暂时对短视频的质量把握不准，找不到努力方向，不妨调整思维，从失败的短视频中找对策，避免让自己的短视频出现常见误区和通病，这样短视频的质量就不会太差。

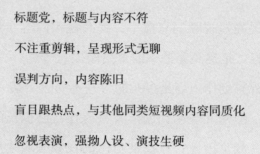

标题党，标题与内容不符

不注重剪辑，呈现形式无聊

误判方向，内容陈旧

盲目跟热点，与其他同类短视频内容同质化

忽视表演，强拗人设、演技生硬

短视频创作常见误区

最后，短视频的结尾应令人回味。

短视频的结尾应能引发受众的评论、点赞、转发、关注，让受众看了视频之后能"有话可说"，这样才能增加短视频的热度，同时也能进一步留住目标受众。别具一格的角度、观点、结局等，很难不吸引受众。

5.3 保持优质内容的持续输出

对于短视频创作者而言，当有了优质的内容之后，就要考虑如何能持续做出优质的短视频，让自己的作品热度能持续增长，这是短视频营销中后期变现的重要基础。

5.3.1 明确短视频的风格

持续产出视频前，应先明确短视频的风格。

短视频风格的确定能为后续短视频的选材、制作提供一个明晰的方向，让短视频创作更有针对性，更有机会从众多短视频作品中脱颖而出。

风格鲜明的短视频是优质内容类短视频的一个重要的标签。如果不能在短视频创作中摸索出适合自己和粉丝的风格，那么数量再多的短视频、再频繁的短视频更新频率，都将是徒劳。

明确短视频的风格，与前文所提到的短视频的内容应充满干货、让人"眼前一亮"有异曲同工之处。面对同样精彩的内容，不同的人做出的短视频会表现出不同的风格，而风格鲜明的短视频，更能引人观看和关注。

不同风格的短视频内容展示示意图

5.3.2 有规律地输出视频

持续输出短视频的最直接目的是培养受众的观看习惯，留住受众，增强粉丝黏性。

事实证明在增强粉丝黏性方面，有规律地输出短视频是非常有效的。目前，短视频平台中粉丝数量较多（粉丝数量达到百万、千万级别）的注册账户都有定期输出短视频作品的特点，他们的短视频更新比较固定、频繁，如每日一次或多次更新，每周两次或三次更新、每周一次更新等。

此外，短视频的持续输出应保持在一个固定时间，具体来说就是要固定更新短视频的时间间隔、固定短视频的上传时间。这里的固定时间可以是固定的时间点，也可以是固定的时间段。

一般来说，在一天当中，在不同的时间段上传发布的短视频的浏览量是会出现明显的高低峰差异的。通常认为，在不考虑其他因素的情况下，相同内容的短视频在平台用户多的时间段上传发布，获得的短视频点击量会更高一些。

持续的优质短视频输出需要很多时间、精力的投入，很多短视频平台注册账号的背后是一个团队在运作，个人比较少见。短视频创作新手如果在作品输出数量上不能取胜，可以先做到有规律地输出，不断积累粉丝。

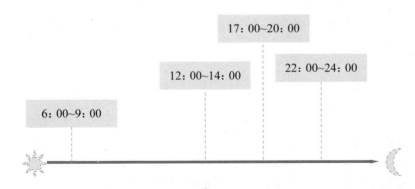

短视频上传输出的优选时间段

5.3.3 系列短视频更易"出圈"

一般来说，"风格明确"和"系列"往往是捆绑在一起出现的，这是因为短视频做成系列之后，会强化短视频的风格，短视频创作者也将更加明确自己擅长的和粉丝喜欢看的短视频类型。

★ 系列短视频的常见形式

系列短视频可以有多种表现形式，常见形式主要有以下三种。

第一，非固定主题，每一个主题内容制作为一个长视频，然后细分为上、下两期或上、中、下三期甚至更多期的短视频，如不同影视剧的讲解、某历史人物的传奇一生、某事件的前因后果等。

第二，固定主题，通过不同人、事、物的参与来创作不同的短视频，每一个人物都可以做成一期短视频。如"美食探店""热门旅游景点打卡"，以及针对不同帮扶对象的"公益助农的第 ××× 天"等。

第三，固定主题，细分主题内容制作成不同的短视频，如"和闺蜜要做的 100 件事之 ×××""每日美食""盘点全网 ×××TOP10""当上 ××× 的第 ××× 天"等。

营|销|案|例

系列短视频的人设要精准

精准的人设能让系列短视频的创作主题更明确，也是体现短视频的创意和创新的"点"。

近年来，短视频创作领域，有两类视频热度一直居高不下，一类是一人分饰多角的短视频，另一类是育儿类短视频。

某短视频创作者将上述两类短视频创作特点充分结合起来，分饰女儿和妈妈，同时另辟蹊径，树立"不靠谱妈妈"的精准人设，与传统大众观念中的妈妈形象形成鲜明对比，展现"另类妈妈"和女儿的有趣日常，在短视频平台获得了较高的关注度，粉丝数量达到千万。他的每期短视频都围绕"母女"二人有趣的日常展开，视频点赞数达到上百万。

★ 系列短视频的创作误区

系列短视频能让粉丝有一种观看"连续剧"的感觉，这样的短视频能大大增加粉丝黏性。但是有些创作者可能会为了单纯追求短视频分期而分期，进而进入内容创作与剪辑的误区。这里特别提醒应避免以下两个创作误区。

误区一：系列视频就是重复视频。

一些短视频创作者为了做系列短视频，容易陷入内容重复播放的误区。比如，一件事情能在一个短视频中讲完，却剪辑成三个视频，视频内容重复、拖沓，影响受众观看体验。

因此，对于短视频创作者来说，宁可少出几期视频，也要避免为凑出多期短视频而重复剪辑视频内容的情况出现，避免让每一期短视频中有太多的前情回顾和下期提示。

误区二：系列视频在主页展现混乱。

有些短视频创作者为了吸引受众观看主页的视频，会将系列的上传顺序打乱，从而起到一期"火出圈"的短视频带动其他短视频点击量增加的效果，但是这种做法有一定的弊端。由于短视频创作者的主页视频排序非常混乱，受众在翻阅短视频时，会被主页的其他短视频和吸引的概率具有不可预估性，而且还很有可能会因为找不到已经看过的短视频的上下期视频而放弃继续浏览主页。

因此，对多期的系列短视频进行间隔上传时，尽量不穿插上传其他系列短视频，以使受众看完其中一期短视频之后，方便在主页翻找同系列的其他期短视频。

5.3.4 坚持正能量、坚持原创

与传统媒体宣传作品相比，短视频作品的创作门槛较低，这就导致了短视频平台中的短视频作品种类繁杂、良莠不齐。一些短视频质量不高、粗制滥造，甚至以挑战社会公序良俗来吸引眼球，这样的短视频即使成为爆款，也会是反面教材。

任何短视频创作者在制作、输出短视频的过程中，都应始终重视短视频的内容质量，坚持正确的世界观、价值观，坚持弘扬正能量，这样的视频输出才有意义。

　　此外，短视频在注重内容积极向上的基础上，还应坚持原创。各短视频平台为鼓励原创，会为原创者提供优先推荐的平台规则，因此要想获得更多的平台流量就应坚持原创。更重要的是，坚持原创，是创作者应有的自信，也是对其他创作者的尊重。

5.4　巧用视频剪辑引爆流量

与静态的图文相比，短视频所展现的内容更加生动，这也是人们喜欢短视频的重要原因之一。

短视频剪辑是短视频创作者的必备技能之一，好的剪辑能让短视频的质量有显著的提高，能优化受众的观看体验，从而实现引流并有机会成为爆款视频，为视频变现奠定良好的基础。

5.4.1　规范剪辑，争取获得平台推荐

一些短视频平台为扶持优质内容创作者，会为平台内的优质短视频分配流量，使这些优质视频能得到更多的浏览机会。因此，如果你的短视频能得到平台的认可和推广，那么对短视频作品的浏览量、点赞量、评论数等的提高都是十分有益的。

在短视频剪辑方面，不同的短视频平台对视频剪辑效果是否良好与值得推荐有不同的标准。总的来说，能获得平台推荐的短视频在剪辑方面普遍具有以下标准。

首先，短视频的呈现方式多为竖屏。竖屏的短视频符合人们在碎片化的时间里观看浏览视频的习惯，因此在短视频的拍摄和剪辑过程中，应注意尽量选择竖屏呈现。

其次，画面、声音清晰。一般来说，短视频平台推荐的非热点新闻事件短视频大多是画面、声音清晰的短视频，因此短视频剪辑者在剪辑视频时应关注视频画面（灯光明暗、像素高低）的清晰度、视频背景的整洁度，以及检查视频是否存在卡顿、不流畅、有杂音等可能会影响视频质量的不良因素，并及时消除这些不良因素。

再次，字幕、配音效果良好。很多短视频剪辑者会在剪辑视频时为视频添加字幕、配音，目的是让受众能更轻松地了解视频表达的内容。在添加字幕、配音时，字幕与配音应与整个视频的画面搭配和谐，避免水墨画质搭配彩色字体、展示文化底蕴的画面搭配卡通配音等不和谐的情况出现。

最后，出镜者的妆容应得体。不同题材的短视频内容对出镜者的妆容要求不同，但无论哪一种妆容都应得体，切勿过度依赖"网红滤镜"或追求"畸形审美"而让出镜者的妆容和面部严重失真或变形。

5.4.2 巧用技巧，为短视频加分

精良的短视频剪辑能为短视频的质量和热度"加分"。

2021 年 10 月，虚拟人柳夜熙凭借在内容与剪辑方面的科技元素、画面特效等在抖音平台走红，首条视频获赞量 300 多万，两条初创视频圈粉超过 400 万。

短视频剪辑可以在不同设备上实现，如台式电脑、笔记本电脑、手机等，可以在不同的剪辑软件环境中完成。短视频剪辑者应掌握基本的短视频剪辑技巧与方法，并不断进行实操，提升剪辑技巧、水平与熟练程度，从而找到适合自己的短视频剪辑方法。

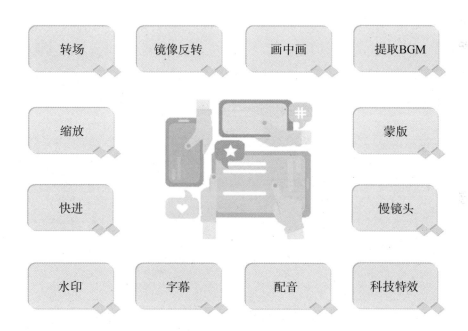

常见短视频剪辑技巧

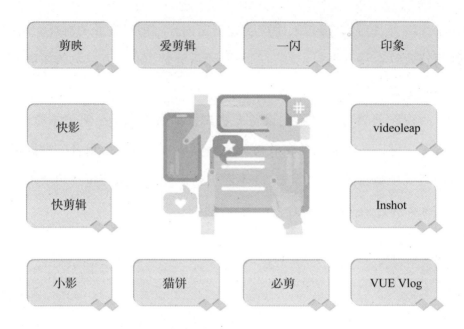

常见短视频剪辑软件

5.5 让广告植入更喜闻乐见

有了优质的内容、精良的剪辑之后，短视频就进入考虑如何变现的阶段了。

对于短视频营销者来说，要想使短视频实现引流变现、获得收益，在短视频中植入广告是非常实用的一种方法。但如何让广告植入不被受众反感，甚至让受众对广告植入喜闻乐见，是短视频营销者需要认真思考的问题。

短视频的广告植入方式有很多，最常用的主要有以下四种。

第一种：台词植入。

在短视频中直接配上品牌或商品字幕，或让演员口播品牌与商品名字、购买渠道、优惠方式等，是短视频广告植入的一种最常见、最直接的方式。这种广告植入方式对于营销新手来说操作简单。

第二种：道具植入。

道具植入，即在短视频中让商品以道具的形式出现，进而达到宣传商品的目的。具体可以通过给商品特写镜头的方式来展示商品。但是需要注意的是，展示商品、商品特写镜头的时长不宜太长，以免受众从视频内容中跳脱出来，进而引起受众的反感。

在制作美食的视频中展示炊具

第三种：场景植入。

场景植入主要是在短视频的拍摄场景上做文章。如在特定的购物中心、饭店、酒店等拍摄短视频，将商家场景纳入短视频场景中，从而完成对商家的宣传和推广。

第四种：剧情植入。

目前，很多电视剧中有专门为了引入某个品牌的 logo 或商品而专门加入一些特定剧情的情况，如主人公为了某件事情到店铺购买特定商品等。这种剧情式的广告植入也可以引入短视频中，通过植入特定剧情开展营销。

 营｜销｜案｜例

"广告界的天花板"

当很多短视频营销个人和团队在为"如何让受众不反感广告"而苦恼时，某短视频创作团队却凭借将广告与艺术相结合的方式，让受众"爱上看广告"，并让网友不断留言催更。

该短视频创作团队的短视频将营销融入创作，将艺术融入广告，通过独具创意的色彩搭配、别具一格的画面质感、极具辨识度的精致复古风格等，给受众带来了与众不同的观感体验。也正因此，该团队所拍摄的短视频被众多网友评为"广告界的天花板"，其系列作品吸引了数以万计的网友点赞、收藏、转发、评论，更是吸引了数百万粉丝关注。

5.6 另辟蹊径的反向带货

短视频带货是短视频营销变现的重要方式，主要以广告植入的形式出现。近年来有一种新的带货方式可谓是"剑走偏锋"，引起了广大网友的关注，这便是反向带货。反向带货最初出现在短视频领域，目前在很多直播中也偶尔会出现。

反向带货，顾名思义，就是与正常带货时大力强调商品的优点截然相反，视频创作者通常不向消费者直接输出利益点（商品性价比、优惠力度、买赠等），而是多以"嫌弃的吐槽"为主，通过在展示和试用商品时表现出"出乎意料"的"差评"反应，来引起消费者的猎奇心理，进而促进消费者购买行为的发生。例如，最常见的一种反向带货方式是，本来想拍摄短视频给大家分享一种味道香甜的水果，在开箱之前对水果的味道赞不绝口，但是在品尝的时候，却因味道酸涩而失去表情管理，前后形成鲜明反差，这样的短视频会引得受众开怀一笑，并可能触发目标消费者产生"买来尝一尝究竟有多酸涩"的购物心理。

 营销智慧 >>>

并不是人人都适合反向带货

反向带货通常会给人一种这样的感受，那就是无论对于带货者还是视频受众来说，好像带货是次要的，搞笑才是主要的。这种轻松、新奇的带货方式也正是很多人乐于接受这种带货方式的原因。

反向带货虽然是另辟蹊径，但并非人人都适合，需要注意以下事项。

首先，考虑自己的人设和个人形象适不适合反向带货，不要盲目跟风，以免有模仿炒作之嫌。

其次，反向带货时与商家做好沟通，看商家是否能接受这种带货方式，应尊重商家意愿，避免从反向带货走向"带货翻车"，给商家带来负面影响。

最后，关注短视频的后续热度，积极在评论区与其他用户互动，把控和引导视频反应，进而达到反向带货的效果。

第 6 章

线上变现：让流量转化为销量

线上营销是如今的主要营销方式之一。流量是线上营销的密码，掌握了流量就为销量提供了基础和保障。

增加曝光，让消费者主动关注产品是流量增加的基础，是运营者首要解决的问题。社群营销和直播带货是线上营销的两大法宝，只有掌握了二者的运营方式和营销方法，才能让运营者提高销量，增加营收，实现突破。

6.1 增加曝光，让消费者主动关注产品

只有增加商品的曝光量，让商品被更多的人看见，才能吸引更多粉丝关注产品，从而提高产品销量。运营者想要扩大产品的曝光量，就要注重细节，从平台账号的设计到运营内容的打造，都要细细打磨，这样才能让消费者主动关注产品。

6.1.1 精心设计平台账号，吸引消费者

运营者在进行线上营销时，需要借助线上营销平台，注册属于自己的账号。平台账号就好像产品的标识，精心设计的平台账号能够让消费者印象深刻并对其内容产生兴趣。

★ 头像设置

头像往往是消费者最先注意到的信息，头像的图片如果具有辨识度和视觉冲击力，就能够直接吸引目标消费者。那么，不同主体类型的账号适宜选用哪些图片作为头像呢？

如果账号的主体是企业，则可以选择企业 logo 的图片或主打产品的图片。使用这两种图片可以增加企业的知名度和产品的曝光率，从而加深企业和产品在消费者心中的印象。

如果账号的主体是自媒体，没有企业 logo 以及自己的产品，则可以选择与账号内容相关的图片。

图片要使用清晰、像素高的版本。因为头像在上传到平台后可能会有一定的压缩，如果图片本身像素不高，则压缩后的图片会更加不清晰，影响账号主体形象。

★ 名称设计

一个好的账号名称不仅应体现账号主体的风格，还应容易被搜索到，这样才能使账号被更多的消费者发现和关注。

以微信平台的公众号为例，如果公众号的主体是企业，那么在设计公众号名称时可以直接使用企业名称或企业＋领域作为名称。

如果公众号的主体是自媒体，则可以依据营销内容通过提问式、创意式、区域式、行业名＋用途式等多种方式来命名。

★ 账号简介

在一些账号（如公众号、抖音账号或微博）的详情页消费者可以查看账号主体的简介。通过账号简介消费者可以大致了解账号建立的背景和账号的主要功能和内容，从而决定是否关注该账号。

账号简介的语言风格应简洁，表达要清晰，可以结合时代背景和消费者痛点适当地嵌入一些修饰词和关键词。

★ 栏目设置

栏目的设置要以方便消费者阅读为目的。手机上的微信、抖音等App，栏目通常设置在下方，图文内容在上方，这是因为通常人们对上部的关注程度更高。

栏目的设置既要满足消费者的使用习惯，又要方便消费者查看内容。栏目的外观设置要遵从简洁、人性化、整齐有序的设计原则。栏目的名称设计要表意清晰而全面。一些平台（如微信公众号平台）支持自动回复功能，将此功能与自定义菜单相结合可以实现与消费者的互动，提升消费者体验，从而吸引消费者关注。

6.1.2　打造优质内容，让消费者主动关注

流量是销量的基础，营销人员曾将"流量为王"奉为互联网世界的黄金法则之一，但后来发现，能够带来流量的仍然是内容，于是又

转为"内容为王"。

在互联网时代，消费者获取信息的方式发生了改变，最突出的特点是由原来的被动接收方式变为主动获取方式。传统的广告推销模式收益降低，使得营销人员需要更加注重内容营销，他们提供实用的、优质的内容，并将宣传信息巧妙、含蓄地包含在内容之中，这样就能让消费者主动关注，从而提升流量。

打造优质内容可以从多个方面入手。首先，内容要有创意。千篇一律的观点和内容让用户感到乏味，在设计内容时，开动脑筋，哪怕只要一点小创意，就能吸引不少新用户关注。其次，选择贴近生活的表达和措辞，这样能够让用户感到内容"接地气"，可以迅速拉近用户与运营者之间的距离。最后，内容要有"干货"，或能为用户传播知识，或能为用户带来某些讯息，让用户从内容中能够有所收获。

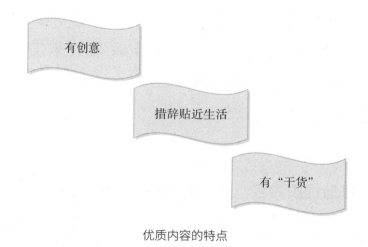

有创意

措辞贴近生活

有"干货"

优质内容的特点

6.1.3 多种引流技巧，迅速涨粉

营销人员想要销售产品，消费者需要购买产品，二者只有有效连接才能实现产品的畅销。引流就是将消费者吸引过来，使对产品感兴趣的消费者成为粉丝，可以实时接收产品的相关信息。提升销量的前提是提升粉丝和流量，掌握以下一些引流技巧可以迅速增粉，为后期实现流量变现提供基础。

★ 打造爆款文章，获取大量关注

一篇爆款文章可以在网络上引发百万次的阅读，直接获得大量消费者的关注，因此打造爆款文章是涨粉的主要途径之一。一篇爆款文章离不开直击痛点的主题、引发共鸣的素材、吸睛的标题，以及有创意的内容，营销人员可以从这几个方面着手打造爆款文章。

★ 通过活动，吸引高质量粉丝

通过活动运营可以在短时间内获得大量高质量粉丝的关注，因此在设计活动时首先要明确开展活动的目的，这样组织活动时才能有的放矢。活动奖品的设置要与推广的产品相关，这样才能通过活动吸引高黏度的粉丝。

★ 利用话题，让消费者积极参与

运营人员通过打造一个互动话题，可以吸引对话题感兴趣的消费

者，引起消费者积极讨论、互动，从而增加粉丝量。运营方在策划话题时要选取有热点、有争议、有深度的话题，这样才能吸引人们积极参与，从而提升粉丝量。

★ 创建社群，汇聚志趣相投的粉丝

很多平台都有社群功能，通过该功能可以将具有相同喜好的消费者聚集在一起。社群成员之间的信任度相对较高，如果产品自身质量过硬，社群成员对产品认可并具有正向回馈，则能带动社群内其他成员购买产品，从而形成一个良性循环，促进产品的销量。

★ 充分发挥小程序的作用，为公众号引流

小程序是依托于微信平台而存在的应用，它不需要消费者单独下载安装，只需要扫一扫即可使用，具有方便、快捷的特点。运营者可以通过提供功能实用的小程序来吸引消费者，从而提升品牌的知名度，增强宣传效果。小程序通常是与公众号关联在一起的，因此小程序的消费者数量的提升也可以为公众号带来流量。

6.2　营销裂变——社群营销

裂变就是不断分裂变化，就像细胞分裂一样，由一个变两个，两个变四个……营销裂变就是在营销过程中，由一个消费者带来两个或多个新消费者，每个新消费者再带来新消费者，如此发展裂变，最终形成规模庞大的消费者群。

6.2.1　二级分销，壮大消费者

★ 什么是二级分销

二级分销是网络营销中常用的营销方式。店铺邀请分销员对商品进行分销，分销员可以再次邀请其他人成为下级分销员。当分销员促成订单时，本人可以获得佣金，上级可以获得邀请奖励，佣金和邀请奖励促使分销员自发宣传商品并组建下级分销团队。

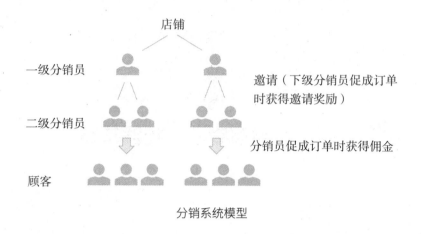

分销系统模型

★ 如何壮大分销体系

　　强大的分销系统让消费者自发地分享商品，具有宣传成本低廉、针对性强的特点。想要充分发挥分销体系的作用，就要拥有足够多的分销员。对于如何壮大分销员队伍，可以尝试以下一些方法。

（1）在社群中分享好产品。在社群中分享好的产品可以引起社群中人们的关注和讨论，让消费者关系变得更加紧密，从而壮大分销员的队伍并提升产品销量。

（2）通过活动聚会吸引消费者加入分销队伍。线下的同学聚会、集体活动等提供了很好的面对面交流的机会，利用这些机会介绍产品并开展扫码赠送试用装等活动可以直接吸引消费者加入分销队伍。

（3）线下宣传。在一些门店或商场放置展板、海报等产品宣传以及分销介绍资料，邀请感兴趣的消费者加入。

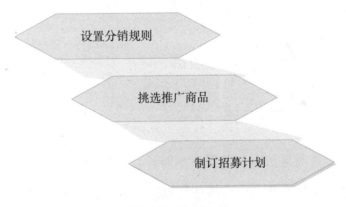

设置分销规则

挑选推广商品

制订招募计划

分销体系的搭建过程

★ 合理管理，促进分销

壮大分销队伍后，还需要配合晋升体系、提升后续服务以及进行分级管理，这样才能让分销员保持热情，持续推广产品。

（1）奖励晋升体系为分销员提供动力。针对订单量可观的分销员，除了佣金奖励，还可设置多种其他激励方式，如授权证书、奖品等。同时还可对分销员设立等级，等级高的分销员给予更高的奖励，以此来激励分销员提高订单量，努力晋升等级。

（2）提供服务支持，提高分销员销售能力。分销员并非专业的销售人员，因此要定时为分销员提供培训，并为分销员提供充足的素材，让分销员尽快了解商品，这样才能使分销员提高订单量。

（3）根据分销员的能力分级管理。针对能力较强的分销员可以提供更深入的线下培训或视频讲解，这样既可以节约费用、维持分销员的兴趣，又可以对分销员进行重点培养。

6.2.2　裂变式营销，快速发展

★ 什么是裂变式营销

裂变式营销是指通过消费者不断转发和宣传，使信息得到快速扩散，一传百，百传万，从而传达到数以百万计的受众，信息传播速度呈指数级增长。裂变式营销依靠的是消费者的自愿转发，让消费者自发宣传，因此它的前提是有高质量的产品或过硬的消费者口碑或触动人心的内容。

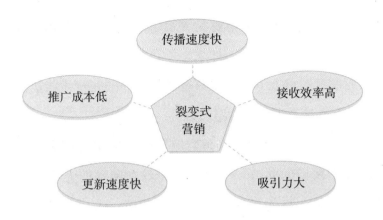

裂变式营销的特点

★ 如何实现裂变式营销

裂变式营销虽然有众多优势，但是想要让消费者主动推送营销内容并不是一件容易的事，还需要注意以下几个方面。

裂变式营销的核心

　　消费者天然地对商业信息保持警惕，因此让消费者自发地转发商业信息不是一件容易的事情。如果想要让商业信息产生裂变式传播效果，可以在信息题材上下功夫，只有触动人心的题材才能让消费者产生共鸣，从而自然产生转发意愿。

　　2012 年，聚美优品凭借着颇为煽情的广告词成功地打动了消费者，引发了消费者的共鸣，一时得到粉丝和网友的大量转发。聚美优品依靠着别具一格的题材实现裂变式营销，成功出圈，获得巨大收益。

　　除了别出心裁的题材，高质量的内容也能够让消费者自发转发传播。相比于传统被动式接收的营销方式，高质量的内容可以让消费者主动接受和吸收。连续的高质量内容还可以让消费者形成阅读习惯，主动获取并推荐给身边的人。

　　例如，某美食博主常常发布一些创新美食制作文章。她的美食文章制作步骤清晰，内容详细，简单易懂，而且配图精美，排版整齐，吸引了很多热爱美食的粉丝关注。虽然她的文章最后都会附上各种品牌厨具的售卖链接，但是粉丝们依然愿意买单并自行转发。

　　如果既没有特别的题材，也没有出众的内容，但仍想要产生裂变式营销效果，则可以考虑给消费者以特殊的奖励（实物礼品或虚拟优惠券）来鼓励消费者转发。例如，某公众号为了吸引粉丝关注，展开了邀新送礼活动，消费者只要将带有二维码的图文信息转发给其他人，当吸引一定数量的新消费者关注后该消费者就可以获得礼物一份。只要任务相对容易完成，礼物足够吸引人，就会有很多消费者愿意进行转发，从而达到裂变式营销效果。

　　运营者除了要了解裂变式营销的核心，还需要掌握裂变式营销的步骤，这样才能成功开展实施。裂变式营销的步骤如下所示。

裂变式营销实施的步骤

6.2.3　拼团式营销，促进销量

　　拼团是促进营销销量的常用手段之一。宽松的社群环境为拼团提供了有利的条件。消费者将拼团信息发布到社群中促成拼团订单形成的同时，无形中也对商品信息进行了传播。这将有利于促使其他消费者开设新团，将拼团信息进一步分享，以此形成裂变式传播，促成大量订单交易。通过拼团营销，商家促进了销量，消费者得到了实惠，可谓是双赢的营销策略。如今，多个电商平台都支持拼团式营销，如拼多多、淘宝的聚划算等。

营销人员想要成功实施拼团营销，在设置拼团时还要注意以下几个方面。

定价要合理

拼团人数要适中

拼团商品要受众广

设置拼团时的注意事项

🔍 营 | 销 | 案 | 例

开启拼团，提高销量

某零食品牌运营人员为了提高销量，尝试使用拼团营销模式。

该品牌入驻电商平台，在该平台的支持下，以薯片产品作为切入点开启拼团售卖模式。

该品牌的薯片定价为 15 元，如果消费者采用三人拼团方式购买，只需支付 12 元。为了提高消费者拼团的热情，运营者特别设置团长可以进一步享受 11 元的优惠价，这一措施更加提高了团长促成拼团的热情。团长们纷纷将自己的拼团链接转发到各个群以及朋友圈，一时间促成大量订单，薯片的销量得到大幅提升。

6.3 引爆直播间——直播带货

相比于图文或短视频的卖货方式，直播带货的互动性更强。主播可以实时响应和满足消费者的需求，给消费者带来更直观的购物体验，因此直播间的成交量十分可观。这也使得各个商家开始重视直播领域，纷纷在各大直播平台开展直播。

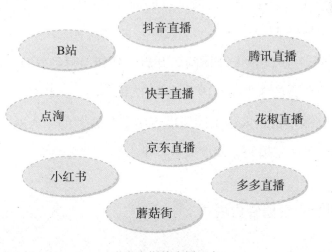

丰富多样的直播平台

6.3.1 点燃直播间互动氛围，促进销量

直播的互动性和社交性使其天然适合带货。直播的发展为新零售打开了新的大门，实现了线下和线上的贯通销售。线下商家在直播间展示售卖商品，实现线上线下同步销售，消费者也可以通过直播间更全面深入地了解产品，因此直播带货受到商家与消费者的共同青睐。直播打破了地域限制，为商家开通了新的销售渠道，同时提升了消费者的购物体验。直播受到运营者的广泛欢迎，那么在直播间是如何实现高成交量的呢？

★ 主播的个人魅力

在整个直播过程中，主播直接与消费者互动，消费者在直播间可以看到主播的表情、神态、语气、动作，通过与主播的互动建立信任，而信任的桥梁一旦搭建，主播推荐的商品就能够得到消费者的信任，从而促进交易形成。

2020 年，"交个朋友直播间"开启。从新浪财经发布的数据来看，主播在直播首秀的 3 个小时内共销售 22 种商品，销售数量达 91 万件。作为一个直播带货新人，主播凭借着幽默与智慧的个人魅力迅速吸引了大量粉丝关注主播间，促成大量订单。

★ 创新的直播带货模式

如今直播火爆，各个商家纷纷加入直播领域寻求突破。但是在竞

争激烈的直播领域，运营者想要突破重围进入直播领域第一梯队十分困难。面对这种情况，运营者可以寻求在直播带货模式上进行创新，打破固有思维，带给消费者不一样的直播购物体验。

营 | 销 | 案 | 例

创新带货直播吸引无数粉丝

面对直播领域的竞争激烈，D品牌旗下的各直播间为了提高直播间销量，另辟蹊径，创新性地开展知识带货直播。主播在卖货的同时为消费者讲解相关知识，让消费者边学习边买货。消费者为主播边卖货边传播知识的行为点赞，心甘情愿为知识付费，并在各个社群相继转发。D品牌直播间凭借着新颖的直播方式直接出圈，迅速涨粉数百万。

★ 直播的高互动性

在直播过程中，消费者可以直接提出自己的需求。例如，在卖鞋的直播间，消费者可以告诉主播自己想要购买的型号，要求主播试穿并进行全方位展示。消费者通过主播的试穿直观地看到鞋子的上脚效果，从而产生购买欲望。主播根据消费者提供的信息为消费者推荐合适的款型、颜色和鞋码，整个购物过程消费者与主播之间的高互动性直接提高消费者的下单率。

高互动性的直播间气氛活跃，热情的氛围能带动消费者的情绪，促进订单成交率。主播想要提高直播间中消费者的活跃度，可以使用如下一些小技巧。

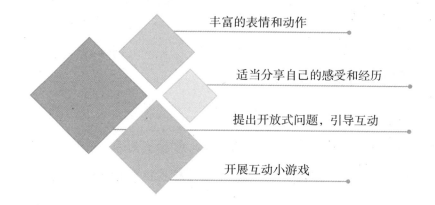

丰富的表情和动作

适当分享自己的感受和经历

提出开放式问题，引导互动

开展互动小游戏

提高直播间互动效果的技巧

★ 高质量的产品

高质量的产品是直播间销量持续火爆的基础。作为运营者，一定要重视对产品质量的把关。因为产品一旦出现质量问题，如被消费者爆出售卖假货或产品不合格，不仅要承担经济赔偿，还要面临信誉损毁的问题。口碑的建立是一个缓慢而艰难的过程，但是信用的倒塌可能就在一瞬间。

高质量的产品能得到主播的认可，只有主播认可产品，在直播时才能更加自信地向消费者介绍、展示和推荐产品，直播间的氛围才能更加活跃。

★ 发放福利

直播间不定时地发放一些福利可以促进主播与消费者的互动，延长消费者在直播间停留的时间，拉近主播与消费者之间的距离，增强彼此的信任感，从而促进消费者下单。

发放福利可以选用多种形式，如发放优惠券、优惠购买某产品、买三免一、赠送特惠名额等。

6.3.2　多渠道引流，推广直播间

直播间的粉丝数量与订单成交量往往成正比，因此如何让更多的人关注直播间是运营者面临的重要问题。

★ 通过短视频引流

在互联网快速发展的今天，人们的生活节奏加快，由于时长短、内容突出的短视频更符合人们碎片化获取信息、娱乐的方式，因而成为现代人们的主要娱乐方式之一。

短视频优质的内容能够吸引消费者关注产品，并能够为直播预热，为直播间吸引流量，而直播也能够为消费者更全面地答疑解惑。短视频与直播二者结合，一个负责引流，一个负责卖货，可以有效促成订单。

目前抖音、快手、B站等平台都同时支持短视频与直播，各个平台的引流方式略有不同。

（1）抖音可以通过"DOU+"功能付费引流，也可以通过在抖音上开展活动引流，如送红包、福利抽奖等活动。

（2）快手重点发展垂直内容，其在美食、体育、游戏、音乐等垂

直领域均有流量支持，再加上快手平台的"老铁经济"，二者结合有利于运营者打造自己的私域流量，为后续变现提供基础。

（3）B站是深受年轻人喜爱的文化社区和视频平台，在该平台可以通过创作、弹幕、评论、专栏等方式引流。

★ 通过直播引流

成功的直播或直播活动可以吸引粉丝关注。通过直播引流需要注意以下几点。

（1）对直播进行预热。直播预热可以让消费者提前了解直播的内容，运营者应在直播开始之前在各个平台发布直播的预告，扩大直播曝光度。在预告中运营者要展现产品的卖点、直播的福利，以此吸引消费者关注直播。

（2）通过专业性、趣味性或创新性的内容引流。优质的内容天然吸引消费者的关注，运营者在设计直播时，可以从内容着手，迎合消费者需求或传递知识的内容均能受到消费者关注。

（3）通过直播活动引流。一些有特色的直播活动可以吸引粉丝关注直播间，如邀新有礼活动能够激发老粉丝邀请新消费者关注直播间。

★ 通过社交平台引流

微信、QQ、微博等社交平台也是直播引流的有效途径之一。针对各个平台引流时要根据各个平台的规则和特点分别开展活动。

（1）QQ平台。运营者平时在QQ空间或QQ群可以发布与直播相关的高质量内容或短视频，打造空间人气并吸引粉丝。当开展直播时，可以将直播链接同时发布到 QQ 空间或 QQ 群，扩大直播的曝光量。

（2）微信平台。微信的朋友圈、微信群、公众号是直播引流的有效方式，运营者可以将直播链接或直播预告直接通过这三种方式发布。在微信群和朋友圈开展直播邀新有礼等活动可以激励消费者将信息在不同社群转发，起到裂变式营销效果，从而吸引大量粉丝关注。

（3）微博平台。微博平台具有信息传递速度快、话题容易引起讨论等特点，通过微博平台发布直播信息时，可以借助当前热点话题或通过与粉丝互动等方式引流。

运营者通过在多种渠道发布信息，为直播间带来大量流量，在此基础上，直播间通过主播的个人魅力、高质量的直播内容等吸引粉丝、留住粉丝，从而提高直播间的带货能力，实现线上变现。

第 7 章

线下变现：线下引流强势破局

互联网时代，很多人将营销的目光放在线上，而且线上引流方式的多元已经对线下实体形成了不小的冲击。

事实上，在线上营销冲击的大环境下，线下营销一直存在，并且在将来也会继续存在。线下营销将更加突出其"看得见、摸得着"的营销优势，不断优化营销策略，促进线下变现。

7.1　门店应该设在哪里

选址是线下门店成功营销的重要基础。门店的地理位置直接决定门店的客流量的大小，进而决定门店盈利的多少。合理的选址是门店盈利的重要基础。

7.1.1　线下门店选址的影响因素

线下门店选址受很多因素的影响，不同门店选址时考虑的因素不同。一般来说，线下门店选址时以下几个因素最为关键。

★ 客流量

客流量是影响线下门店选址的最重要的因素，门店没有客流量就意味着没有消费者。

　　在进行门店选址前，应对门店的客流量有充分的了解。在开店之前要先了解门店所处位置的人流量大不大，人流量中的客流量大概能有多少。这就是目标客流。举例来说，一个面向某道路的街边门店，门前道路上每天通过的人次是不是就是门店的客流量呢？并不一定。这要考虑到道路中间是否设置护栏，当过往人次不能穿越护栏直达门店时，客流量只能计算临近门店一边的道路上通过的人次，大约会是道路通过人次的一半；如果门店在道路转角处，客流量就是门店两侧道路人次和转角通过人次的总和。

　　一般来说，门店的客流量大也就意味着进入门店的消费者多，反之进入门店的消费者人数就少。

　　由客流量还可以延伸出一系列的相关实体客流数据，如进店率、购买率、客单价等。了解了这些具体的客流数据后，就能大致估算出门店的经营情况，进而对门店是否符合选址预期做到心中有数。

进店率 = 进店人数 ÷ 门店客流人数 × 100%

购买率 = 购买顾客人数 ÷ 进店人数 × 100%

客单价 = 商品平均单价 × 每个顾客平均购买商品个数

客流量相关数据计算公式

★ 租金

门店的租金是由很多因素来决定的，如地理位置、附近商圈业态、行业标准等。门店经营者要考虑的就是，将门店租金纳入门店的经营成本后，这个成本对于门店经营情况来说是否合理，是否能带来良好的经营收益。

有很多门店选址新手在选址时会陷入这样一个误区，即认为客流量大的地方租金高，客流量小的地方租金低，因此会在租金低的区域选址。实际上，租金高低与客流量大小并不完全成正比，租金低的区域也并非门店选址的最佳地址。

客流量大的商超是线下门店的优选地址

一般来说，人烟稀少的区域，门店租金通常不会很高，但客流量也小，会影响门店的消费者购买率和门店销售额，因此在人烟稀少的区域开店并非明智的选择。

正确的做法是，门店选址应综合考虑客流量与租金，在二者之间找到一个平衡，以实现门店收益的最大化。

★ 周边业态

在一个成熟的业态圈内开店，能让门店充分利用业态圈内其他门店的客流进而实现引流。例如，在大型商场中，经营相关商品的门店往往在同一个楼层和区域，这就是类似门店的客流量共用和引流。

因此，在选择门店位置时，应考察周围商业业态是否与自己的门店经营类目相同或相似，能不能充分利用周边成熟商业业态，或者会不会面临周边同类强势门店的竞争。

★ 目标消费者密集程度

目标消费者密集程度对门店的客流量有绝对的影响，因此也应将其看作门店选址的重要因素之一。

目标消费者密集程度直接影响门店的客流量。目标消费者密集程度高，门店客流量大；目标消费者密集程度低，门店客流量小。

举例来说，经营日用品的百货店，应该将门店的位置选在居民区，以满足社区居民的日常生活需求；售卖文具用品的门店，位置应在学校附近；面向高级白领消费人群的咖啡厅，应将门店的位置选在 CBD（中心商务区）附近。

社区门店选址以社区居民为目标消费者

7.1.2 线下门店选址注意事项

不同规模、不同目标消费者人群的门店选址有不同的注意事项，这里重点阐述以下三点。

首先，三思而后行。

门店的选址应非常慎重，要三思而后行，具体来说，不要急于定选址，多考察几个区域，综合评价，做出最优选择。

其次，地理位置与环境要考察。

考察门店选址所在地的建筑结构情况、物业或房东情况、附近片区规划情况，了解门店建筑布局是否有利于自己接下来的门店装修和布局；了解真正的房东（个人或组织机构）是谁，房东的为人或口碑如何；了解门店所处位置是否为违建、短期内是否有可能被收回或进行改建等。

最后，关注门店可利用资源。

了解门店之前的经营和管理情况。例如，上一家门店终止经营和管理的原因是什么，有无涉及法律因素，是否存在遗留客户给你，如何承接这些遗留客户等。

7.2　让消费者第一眼看到产品

线下门店的产品往往有序地陈列在货架上等待消费者选购。当消费者选购付款后，产品才能转变身份成为商品，商品交易完成后门店才会获得利润，因此产品对消费者的视觉引导对门店变现盈利有重要的影响。

7.2.1　产品的摆放位置

当消费者浏览线下门店商品时，处于与消费者视线等高位置的商品，最容易被消费者关注到，显然，这些产品位于更利于消费者挑选商品的"最佳位置"。

为了最大限度地将产品卖出去、方便消费者选购，是不是就应该将所有产品放置在"最佳位置"，而使货架其他位置闲置呢？显然不是。

"最佳位置"的高度是固定的吗？也不是。

具体来说，在摆放产品时应注意以下几点。

第一，热销产品应摆放在显眼位置。

将产品摆放在与消费者视线等高的"最佳位置"，能有效增加产品的被浏览次数，使产品更容易被卖出去。中国18～44岁男性和女性的平均身高分别为169.7厘米和158厘米[①]，根据这个数据，产品摆放在离地面145～175厘米的位置是比较合适的。

第二，针对消费者特点摆放产品。

线下门店类型不同，面向的消费者人群不同，这就存在产品"最佳位置"不适用的情况。如面向青少年或幼儿的产品，产品的摆放就要根据消费者的特点等来灵活调整产品摆放高度。

第三，常销产品的特殊摆放。

一些常销产品往往会被特意摆放在高处或低处，这样是为了将最佳位置留给热销产品和促销产品，因为常销产品对于消费者来说是"刚需"，销量相对稳定，不需要特别占用"最佳位置"。

第四，针对消费者购物动线摆放产品。

除了要注意产品摆放高度，产品在门店空间内的左右、里外等水平方向的位置也要关注到。如小型日用百货类门店，货架一般与门店入口呈垂直分布，常销产品置于门店最里面的货架上，门店门口则多摆放糖果、矿泉水等高消耗品。再如大型商超门店，有成排货架也有成堆货架，方便不同产品的灵活摆放，且各类产品分类、分区域摆放，方便消费者在门店区域内流畅活动和选购产品。

---

① 数据来自《中国居民营养与慢性病状况报告（2020年）》。

7.2.2　提高消费者视觉注意

如果仔细观察就会发现，不同产品的包装色彩不同。零食类产品的包装一般色彩绚丽、引人注目；果蔬类产品多选用透明包装，让消费者能透过包装看到果蔬的新鲜程度；辣椒酱多选用红色包装；面粉多选用白色包装；等等。这正是通过不同包装色彩带给消费者不同的视觉感受。

在摆放门店的产品时，可以根据已经固定的产品包装进行合理分类分区。建议采用同类产品、同色系摆放的原则，先对产品进行分类，然后再根据产品的相近色依次顺序摆放。

此外，还可以给产品赋予促销的颜色，如改变产品的价签颜色，在产品附近树立醒目的标识。一般来说，红色、黄色非常醒目，更能吸引消费者的目光，引导消费者选购这些产品。

7.3　金牌销售是如何养成的

在线下门店变现的过程中，销售员发挥着强大的助推作用，一个好的金牌销售对门店的销售额的影响是巨大的。

7.3.1　门店引流变现，销售员功不可没

一些线下门店会有销售员接待顾客。销售员主要通过与消费者的沟通来促进门店产品销量的提升，进而帮助门店获得销售收益。尽管门店的销售额持续增长可能与门店选址合理、产品粉丝黏性高、开展促销活动等诸多因素密切相关，但销售员对线下门店销售额的贡献仍不容忽视。

作为门店经营管理者，要结合线下门店的具体情况来考虑门店应设销售员的数量，并熟悉不同销售员的销售特点，合理安排销售员所

负责的产品，并结合门店销售情况适时组织促销活动，让销售员能充分发挥特长促成销售。

7.3.2　金牌销售的销售技巧

金牌销售指那些对门店销售额有突出贡献的销售人员。不同销售员具有不同的风格，但金牌销售普遍能掌握以下销售技巧，这也正是他们成为金牌销售的原因。

★ 熟悉产品，对产品了如指掌

金牌销售员往往能够熟悉产品情况，对线下门店所售产品的情况了如指掌。他们往往了解产品的生产工艺、上市时间、产地、质地、规格、款式、库存量等，这是金牌销售员能够成功向消费者推荐产品的重要基础。

此外，一些门店的产品类目多，不同的产品所对应的目标消费群体可能不同，同类产品所针对的消费者人群细分也不明显，这就要求销售员要学会分析产品、分析消费者人群，金牌销售在这一方面的感知往往更加敏锐，能对不同产品所匹配的消费者人群做到心中有数。

一个不熟悉产品、对产品情况不了解的销售员不是一个合格的销售员。而金牌销售则对产品情况了解得十分透彻，他们对消费者提出的任何一个关于产品生产和销售的问题都能对答如流，这让消费者认可金牌销售的专业性，愿意聆听金牌销售的建议并最终完成商品交易，促进门店的产品变现。

★ 察言观色，沟通能力强

会察言观色，能在短时间内通过与消费者的接触来准确掌握消费者的消费需求。这需要销售员有敏锐的观察和较强的分析判断能力，同时也是金牌销售较强工作能力的表现。

对消费者需求的精准判断能大大提高销售员向消费者推荐产品后的购买率，对销售员个人和线下门店来说，消费者的产品购买率越高，就越能提高收益。

察言观色的主要内容

🔍 营｜销｜案｜例

一枚胸针促成的订单

M女士是一名线下智能家居用品门店的销售员，受各种因素的影响，最近门店生意冷清，逛的人多、买的人少。

某天中午，一位穿着朴素的老人进入门店。由于老年人并非智能家居用品的目标消费人群，因此店员们并没有过多关注老人，只由着她在店里闲逛。

M女士从外面用餐回门店后发现了闲逛的老人，见老人满头银发、皮肤白皙、举止文雅，会仔细查看产品说明，就知道老人一定不是闲逛这么简单。M女士为老人倒了一杯水并邀请她坐下休息。M女士看到老人胸前的珍珠胸针特别精致，于是以胸针为切入点打开话题。

攀谈过程中，M女士了解到胸针是老人的爱人送的结婚纪念日礼物。老人还吐槽说爱人天天往实验室跑，没时间陪自己，也没时间休息，预定的旅游计划也推迟了。于是M女士就判定老人的家境不错且对卧室智能家居产品有需求，接下来的聊天也就更有针对性。

最终M女士成功销售出一套卧室家居产品，并特别为老人争取到了会员优惠。此外，在M女士的建议下，集团又尝试研发了老人智能家居产品，并成功打开了老年人市场。M女士也顺利实现升职加薪。

除了察言观色，金牌销售在促成商品交易的过程中，良好的沟通能力也必不可少。

金牌销售能一开口就让消费者觉得亲近，消费者自然也愿意进一步在销售员的引导下了解产品、购买产品。能做到这一点的金牌销售一般具有以下技巧：话语真诚，而不是让消费者觉得是为了促成交易而特意恭维；从消费者角度出发，说消费者所想；适时引导，不紧逼，鼓励消费者做决定；等等。

7.3.3　定期组织销售培训

虽然线下门店需要金牌销售，但却不能仅仅依靠一两个金牌销售就万事大吉。要想整体提高门店的销售额和销售收益，门店应定期对销售员进行业务培训，积极组织销售员进行经验交流，提升门店所有销售员的工作能力，以促进门店销售额的持续增长。

7.4　发现新用户，维系老用户

对于线下店铺而言，吸引消费者进店购买产品是其核心工作。发现新顾客、留住老顾客是实体店经营成功的重要因素。

7.4.1　吸引新用户的方法

在网购飞速发展的时代，线下店铺想要更大的客流量就需要进行一系列的营销，提升知名度，吸引更多人前往实体店购物。

做好店铺装修是吸引顾客的第一步。顾客对店铺的第一印象往往取决于装修风格和内部环境。店铺的装修风格要与产品定位相符，体现产品的特点，这样能够营造符合产品定位的氛围。例如，售卖数码产品的店铺装修要有科技感、未来感；服装店的装修要时尚、温馨；等等。这样，顾客走进店铺时就能够感受到商家的用心，对产品产生好感。

商家可以打造品牌形象，与消费者互动，吸引消费者走进实体店。例如，蜜雪冰城在营销时推出了"雪王"这一形象。"雪王"是一个头戴皇冠、手拿冰淇淋权杖的雪人，符合蜜雪冰城售卖冰淇淋与茶饮的品牌定位。"雪王"人偶会在蜜雪冰城门店外和路人互动，吸引路人走进门店进行消费。另外，蜜雪冰城还推出了"雪王"周边，有玩偶、杯子、盲盒等，以此扩大知名度，吸引更多人购买其产品。这样的方式调动了消费者的购买热情，使消费者在购买产品的同时也能够获得喜欢的周边。

线下营销的优势是顾客能够身临其境，亲自参与到店铺活动中来，因此，线下活动也是实体店营销的主要方法之一。

举办活动是实体店吸引消费者的主要方式，活动的参加人数越多越能吸引路人进店。实体店的营销活动形式多样，效果显著的主要有三种，即促销活动、创意活动和探店活动。

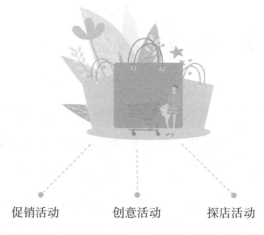

促销活动　　　　创意活动　　　　探店活动

实体店举行活动的主要方式

促销活动是营销中最常见的方法。发放优惠券、第二件半价等都是促销活动。商家可以使用线上与线下相结合的营销方法，在线上宣传、发放优惠券，让消费者到线下购买产品。这样可以扩大营销面，让更多人知道商家的促销活动，从而吸引更多消费者到线下购买产品。

线下店铺可举办的创意活动有主题活动、创意签到等。主题活动是商家围绕某一主题而策划的活动，这类活动通常规模较大、持续的时间也更长，如周年庆活动、暑期活动等。商家在举办活动之前需要做好活动策划，将活动费用控制在预算范围之内。

创意签到活动包括喷绘签到、涂鸦签到、贴纸签到等多种形式，是一种低成本的营销方式。举办创意签到活动能够吸引消费者走进店内，增加店铺的客流量。

除了举办活动之外，商家也可以和自媒体博主合作，请一些行业相关的博主来探店。店铺可借网红的热度扩大宣传面，使更多人知道店铺的存在。

探店博主通常以图文或视频的形式发布作品，商家要将宣传重点提前告知对方，在对方的作品完工之后要进行审核，确保该博主所发的内容是正向的，能够吸引粉丝前来消费。

新用户范围较广，更容易对新品产生好奇心，所以商家在进行营销时要采取多种方式，尽量照顾到不同年龄段的消费者。

7.4.2 维系老用户的方法

老用户一般都多次购买产品，一个产品的回头客越多，越说明该产品质量上乘，值得依赖。

商家要关注用户的留存率，将留存率控制在合理范围内。这就需要商家想办法留住老用户，减少用户流失。

首先，商家要经常与老用户沟通，询问其对产品的使用体验，让老用户感受到商家的真诚。如果老用户的体验反馈不好，商家要虚心接受，并耐心询问老用户的意见，要重视老用户提出的问题，促进产品优化升级。

其次，商家可以为老用户提供福利，以长期优惠来留住老用户。商家可以为老用户设置专门的优惠券，而且优惠券的优惠力度要大于普通优惠券。同时，商家也可以让老用户注册会员、设置积分，用户购买产品可以获得一定数量的积分，积分积累到一定程度可以兑换产品。这样，也能够促使老用户长期购买产品。

最后，店员要注意自己的服务态度。当老用户进入店铺消费时，店员要热情接待，为老用户留下良好的购物体验。

7.5 别让差评拖垮营销

差评不仅影响线上店铺的运营，同样也会影响实体店铺的口碑。因此，商家一定要重视差评，积极应对差评带来的影响。

7.5.1 差评的影响

差评会影响店铺的整体评价率。店铺的整体评价率能够体现消费者对店铺和产品的满意度。店铺的整体评价率低会影响消费者的选择，让消费者认为店员的服务态度差、产品质量差。

差评会影响店铺的信用等级。信用等级一般分为好评、中评和差评三种，等级越高说明顾客对产品的满意度越高。如果店铺的差评增多，信用等级就会随之下降，前往店铺的消费人数就可能会减少，从而影响到店铺的经营状况。

差评会影响产品销量。当消费者在网络平台搜索店铺时，如果某一店铺的差评很多，消费者对该店铺的好感度就会降低，选择进店消费的可能性也会随之降低，商家就会因为店铺的评分较低而损失一批顾客。差评多的店铺综合评分较低，在消费者搜索相关店铺时，排名靠后，消费者选择店铺的概率就很小。潜在客源的流失会使产品的购买人数减少，从而使产品的总体销量降低。

差评会影响店铺的日常经营，进而对店铺造成经济损失，因此商家一定要重视差评，及时处理差评。

7.5.2 差评的处理方式

在出现差评之后，商家要及时与给出差评的消费者沟通，询问其给出差评的原因，并能够对症下药，帮助消费者解决问题，尽量弥补错误，改进不足之处。

处理差评的主要流程

通常情况下，消费者给出差评的原因一般有两种，一种是产品本身存在问题，另一种是店员的服务态度较差。

如果是产品本身的问题，商家要向消费者解释出现问题的原因，请求得到消费者的谅解。同时，商家可以引导消费者更换产品，帮助消费者解决问题。如果消费者不愿更换产品，商家可以帮助消费者退款，或为其提供一些补偿。

如果是店员的服务态度差而使消费者给出了差评，那么商家需要真诚地向消费者道歉，也可以让犯错的店员向消费者道歉。总之，要让消费者感受到该店员道歉的诚意。同时，店铺可以为消费者提供一些福利，借此打消消费者的不良印象。

总之，在差评产生之后，商家不能视而不见，要积极解决问题，要在最短的时间内与给出差评的消费者沟通，及时止损，不能让差评影响店铺的经营。

📊 营销智慧 >>>

正确看待差评

好评、差评是网络平台对店铺的评分方式。很多消费者会在线下消费之前浏览店铺在网络平台的评价，因而很多商家格外看重平台的差评率。

但消费者的消费标准、个人喜好是不同的，这也会影响消费者对店铺的评价。商家要正确看待差评，有差评不代表店铺的经营水平低，也可能是消费者的个人因素导致的。

如果一个店铺连一个差评都没有，反而会让整体评价显得不真实，有些消费者会怀疑商家作假。因此，商家在处理差评时也要先看清差评的内容，对无伤大雅的、不涉及产品的质量或店铺的服务问题，可以灵活处理。

参考文献

[1]　[美] 艾·李斯（AI Ries），[美] 杰克·特劳特（Jack Trout）著；邓德隆，火华强，译. 定位：争夺用户心智的战争（经典重译版）[M]. 北京：机械工业出版社，2017.

[2]　安杰. 微信、微博这样玩才赚钱 [M]. 北京：民主与建设出版社，2015.

[3]　曹虎，等. 数字时代的营销战略 [M]. 北京：机械工业出版社，2017.

[4]　程宏，丁俊杰，何海明. 大时代的融媒体营销 [M]. 北京：中国传媒大学出版社，2013.

[5]　崔译文，等. 市场营销学（第 4 版）[M]. 广州：暨南大学出版社，2019.

[6]　董永春. 新零售：线上＋线下＋物流 [M]. 北京：清华大学出版社，2018.

[7]　窦文宇. 内容营销：数字营销新时代 [M]. 北京：北京大学出版社，2021.

[8]　段建，安刚，胡宏力 . 移动互联网营销 [M]. 北京：中国铁道出版社，2016.

[9]　高海友 . 实体店这样运营能卖爆 [M]. 北京：中华工商联合出版社，2021.

[10]　高振宇 . 互联网营销之道行业大咖带你玩转营销圈 [M]. 北京：人民邮电出版社，2018.

[11]　勾俊伟 . 新媒体运营 [M]. 北京：人民邮电出版社，2018.

[12]　官税冬 . 品牌营销：新零售时代品牌运营 [M]. 北京：化学工业出版社，2018.

[13]　贺继红，白建磊 . 市场营销学通理 [M]. 北京：清华大学出版社，2012.

[14]　[美] 克莱尔·布鲁克斯著；肖文键，译 . 共情营销 [M]. 天津：天津科学技术出版社，2019.

[15]　李东临 . 新媒体运营 [M]. 天津：天津科学技术出版社，2018.

[16]　李丽蓉，等 . 电子商务实务 [M]. 南京：东南大学出版社，2012.

[17]　李瑶，伊新，吴瑕 . 网络营销策划与实施 [M]. 北京：清华大学出版社，2012.

[18]　李永平，董彦峰，黄海平 . 数字营销 [M]. 北京：清华大学出版社，2021.

[19]　孟韬 . 市场营销策划 [M]. 沈阳：东北财经大学出版社，2018.

[20]　施炜 . 连接：顾客价值时代的营销战略 [M]. 北京：中国人民大学出版社，2018.

[21]　谭贤 . 新媒体营销与运营实战 [M]. 北京：人民邮电出版社，2017.

[22] 汤云，等.电子商务实践教程 [M].北京：人民邮电出版社，2011.

[23] 头号玩家.零基础玩转短视频 [M].天津：天津科学技术出版社，2019.

[24] 吴正锋.跨界营销 [M].广州：广东经济出版社有限公司，2018.

[25] 谢导.互联网营销：理念的颠覆与蜕变 [M].北京：机械工业出版社，2016.

[26] 新媒体商学院.新媒体运营一本通：营销推广＋活动策划＋文案写作 [M].北京：化学工业出版社，2019.

[27] 薛斌鹏.品牌营销：新流量时代品牌打造与运营方法论 [M].北京：电子工业出版社，2020.

[28] 殷中军.引爆私域流量池 [M].北京：机械工业出版社，2020.

[29] 营销铁军.场景营销：高效营销的新思维，用场景"说服"用户 [M].苏州：古吴轩出版社，2020.

[30] 有赞学院讲师团.社交电商运营全攻略 [M].北京：电子工业出版社，2019.

[31] 喻晓蕾，苑春林.网络营销 [M].北京：中国经济出版社，2018.

[32] 张静.好广告 [M].上海：龙门书局，2014.

[33] 郑昊，米鹿.短视频：策划、制作与运营 [M].北京：人民邮电出版社，2020.

[34] 周英英.短视频＋直播：内容创作、营销推广与流量变现 [M].北京：电子工业出版社，2021.

[35] 邹云峰.实体店这样运营能爆卖 [M].北京：中华工商联合出版社，2018.

[36] 刘清华."饥饿营销"的应用条件分析 [J].现代营销(学苑版),2011（6）：64-65.

[37] 徐琰.直播带货中饥饿营销模式分析 [J].上海商业,2021（11）：12-14.

[38] 庾为.广告创意的内涵与原则探析 [J].商场现代化,2007（19）：217-218.

[39] 卓曼.跨界营销的成功要素与实施路径研究 [J].长春师范大学学报,2017（6）：195-198.

[40] 沈春宁,李冲,范晓林.叶茂中：人生就是在解决冲突中创造更高层次的快乐 [N].扬子晚报,2017-04-17.

[41] 2021年中国短视频市场规模、用户规模及行业趋势分析 [EB/OL]. https://new.qq.com/omn/20220719/20220719A04ZNX00.html,2022-07-19.

[42] 超实用的6种广告创意表现手法 [EB/OL]. https://www.sohu.com/a/ 209231593_100034466,2017-12-08.

[43] 品牌设计的每个细节,都有何营销秘密？ [EB/OL]. https://www.sohu.com/ a/391509964_120088477,2020-04-27.

[44] 什么是个人IP,如何打造个人IP? [EB/OL]. https://www.sohu.com/na/431363407_120203131,2020-11-12.